초등 기적의 글쓰기

초등 기적의 글쓰기

펴낸날 2021년 2월 25일 1판 1쇄
펴낸이 강진균
글 · 김병수
편집 · 디자인 편집부
마케팅 변상섭
제작 강현배
펴낸곳 삼성당
주소 서울시 강남구 선릉로 747 삼성당빌딩 9층
대표 전화 (02)3443-2681 **팩스** (02)3443-2683
출판등록 1968년 10월 1일 제2-187호
ISBN 978-89-14-02039-0 (73700)

본 저작물은 저작권법에 따라 보호를 받는 책이므로 무단 전재와 무단 복제를 금합니다.
※ 파본은 바꾸어 드립니다.

선생님이 쉽게 알려주는 글쓰기 비법

초등
기적의
글쓰기

글 쓰는 즐거움을 찾으세요!

제가 일하는 학교는 온종일 어린이들이 웃고 떠드는 즐거운 소리로 가득 차 있어요. 물론 가끔 친구들끼리 다투어서 듣기에 좋지 않은 나쁜 소리나 울먹이는 소리가 들리는 때도 있지만, 아이들은 금세 다시 친해져 즐거운 목소리로 교실이 가득 채워져요.

이처럼 다양한 소리로 즐겁게 떠들던 아이들이 갑자기 조용해지고 겁내는 시간이 있어요. 바로 글쓰기 시간이에요. 학교 쓰기 시간에 글을 쓸 때, 집에서 일기를 쓸 때, 어린이들은 웃음이 싹 사라지고 힘들다는 소리와 한숨 쉬는 소리를 낸답니다.

"선생님, 쓸 게 없는데요?", "엄마, 일기에 뭐라고 써요?", "오늘만 안 쓰면 안 돼요?" 등등

아이들을 가르치는 여러 해 동안 어린이들이 글쓰기를 왜 싫어하고 어려워하는지 관찰하였어요. 그 이유를 살펴보니 글쓰기의 필요성, 재미를 느끼지 못하기 때문에 재미없어하더군요. 그래서 '어떻게 하면 어린이들에게 글쓰기의 즐거움을 느낄 수 있게 해 줄까?' 하는 고민에서 시작한 일이 바로 이 책이에요. 아이들이 글을 쓸 때 어떤 방식으로 써야 하는지, 어떤 주제를 가졌는지, 어떤 목적으로

 써야 하는지를 알려주고 연습해 보면 더욱 쉽게 글쓰기를 시작할 수 있을 거예요. "야호, 이제 글을 왜 쓰는지, 어떻게 쓰는지 알 것 같아.", "글쓰기가 이렇게 쉽고 재미있었다니." 하는 이야기가 들렸으면 좋겠어요.

 마지막으로, 이 책을 그냥 읽기만 하면 안 돼요. 책 속에 나와 있는 '생각 글쓰기'를 통하여 연습해 보고, '글 쓰는 과정 살피기'에 나오는 방식에 따라 다양한 주제로 직접 글쓰기 활동에 참여하고 체험해야 해요. 그동안 친구들과 재미있는 대화로 즐거움을 느꼈다면, 이제는 일기나 편지쓰기 같은 글쓰기로 주고받으면 훗날 좋은 추억을 만들 수 있습니다.

 글쓰기 이제 어려워하지 말고 도전하세요!

글쓴이 **김병수**

책머리

1부 기초 다지기
1) 있는 그대로 솔직하게 14
2) 겪었던 그대로 솔직하게 24
3) 될수록 자세하게 32
4) 느끼고 생각한 대로 43

2부 실력 쌓기
1) 서사하는 방법으로 쓰기 56
2) 묘사하는 방법으로 쓰기 66

3) 생활 감상문, 독후감 쓰기 78

4) 설명하는 글쓰기 98

5) 설득하는 글쓰기 119

3부 날개 달기

1) 글 쓰는 과정 살피기 130

2) 계획하기 137

3) 내용 생성하기 148

4) 내용 조직하기 162

5) 표현하기 175

6) 고쳐 쓰기 190

맺음말

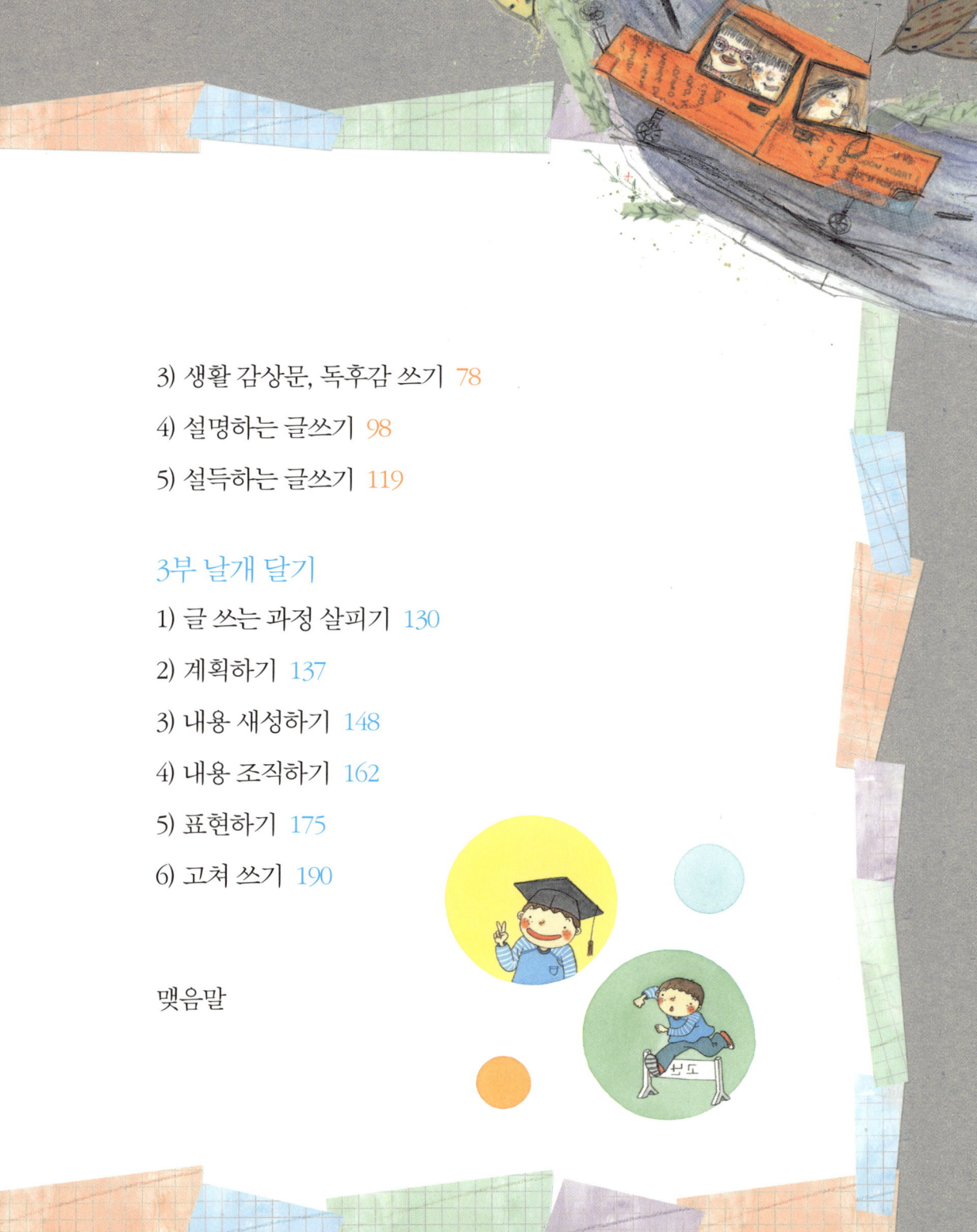

글은 내가 어떤 생각을 가지고 있는지, 어떤 일을 했는지를 보여주는 결과물이자 증거물이에요. 아무리 좋은 생각을 가지고 있고 많은 일을 했다고 하더라도 그 결과물이 없다면 아무도 그것을 알 수 없어요.

1부
기초 다지기

1) 있는 그대로 솔직하게

내 생각을 잘 알리는 글쓰기

　세계 어느 나라에서건 글 읽기와 글쓰기를 못하는 사람을 가리켜서 문맹(文盲)이라고 해요. 말을 못하면 생활 속에서 큰 불편을 겪는 것과 마찬가지로, 글을 쓰지 못하면 생활 속에서 큰 불편을 겪게 돼요. 여러분이 시험을 보고 있는데 글을 쓰지 못한다고 상상해 보세요. 이 문제의 답이 무엇인지 알고 있는데 답을 적지 못해 그 문제를 틀린다면 얼마나 마음이 안타까울까요.

　글은 내 마음속에 있는 생각을 다른 사람에게 나타내는 역할을 해요. 내 마음속에 어떤 생각이 들어 있는지를 다른 사람에게 보여 줄 때 글을 써서 나타내게 돼요.

　여러분의 생각을 쓰는 시험과 수행평가, 여러분이 1년 동안 학교에서 어떻게 생활했는지 지켜본 담임선생님의 생각을 담은 생활통지표, 학교의 생각을 담아 가정으로 보내지는 가정통신문, 작가 선생님이 자기 생각을 동화하는 형식에 담은 동화책 등등 사람들은 자신이 가지고 있는 생각을 표현할 때 글을 통해서 표현하는 경우가 많아요.

특히 우리가 살아가고 있는 생활 속의 공식적인 모든 일은 대부분 글로 처리돼요. 학교 숙제와 조사 보고서, 대학 갈 때 제출하는 서류 가운데 추천서와 자기소개서, 직장에서 필요한 업무 보고서와 각종 조사서 등등 모든 것이 다 글로 이루어져 있어요. 결국 내 마음속에 아무리 좋은 생각을 하고 있더라도 그것을 글로 표현하지 못하면 아무도 내 생각을 알 수 없는 거지요.

글은 내가 어떤 생각을 하고 있는지, 어떤 일을 했는지를 보여 주는 결과물이자 증거물이에요. 아무리 좋은 생각을 하고 있고 많은 일을 했다고 하더라도 그 결과물이 없다면 아무도 그것을 알 수 없어요. 결국 글쓰기를 잘하느냐 못하느냐가 자기 생각을 다른 사람에게 잘 전달하느냐 못하느냐를 결정하게 돼요. 글쓰기를 잘하는 사람이 자신의 꿈을 쉽게 이룰 수 있게 되는 것이지요. 여러분의 꿈은 무엇인가요? 그 꿈을 이루기 위해서는 글쓰기를 잘해야 한다는 사실을 잊지 마세요.

친구들 글 보기

어제 지하철을 타고 놀이공원에 갔다.

친구들과 여러 가지 놀이 기구를 탔다. 참 재미있었다.

놀이기구를 타고 나오는데, 여러 가지 다양한 옷을 입은 예쁜 언니들과 오빠들이 분장하고 퍼레이드를 했다. 참 신기했다.

-초등학교 3학년 정채원

친구들 글 보기

　내가 가장 좋아하는 친구 보람이, 채원이, 지원이, 승리와 함께 놀이공원에 갔다.
　방학하면 같이 놀러 가기로 몇 달 전부터 약속한 것을 이제야 지킨 것이다. 지하철을 타고 잠실역에 내릴 때는 이제 곧 신나는 놀이기구들을 탈 수 있겠구나 하는 생각에 걸음이 자꾸만 빨라졌다.
　어떤 놀이 기구를 탈 것인가 친구들과 이야기하다가 바이킹, 후룸라이드, 기구, 우주 열차 등을 타기로 정하였다. 다른 것은 다 재미있었는데 바이킹을 탈 때 너무 무서워서 온몸이 쪼그라드는 것 같았다. 난 정말 이상하다. 다른 놀이기구는 하나도 안 무서운데 바이킹은 정말 무섭다.
　겨우 바이킹에서 내려서 쪼그라진 내 마음을 펴고 있는데 예쁜 누나들이 다양한 모습으로 분장을 하고 퍼레이드를 시작했다. 우리는 퍼레이드를 따라 다니면서 예쁜 누나들과 멋진 형들이 펼쳐지는 퍼레이드를 구경했다.

여러 가지 모습 가운데 미래를 보여주는 우주선에 특이한 옷을 입고 있는 사람들이 가장 기억에 남았다. 저런 우주선을 타고 우주에 나가보고 싶다는 생각이 들었다.

그동안 모은 용돈을 탈탈 털어서 간 놀이공원이었지만 너무나 재미있는 시간 이어서 돈이 아깝지 않은 하루였다.

-초등학교 3학년 김푸름

글쓰기는
사고력을 평가해요

앞의 글에서 채원이와 푸름이는 함께 약속을 정하고 똑같은 지하철을 타고 놀이공원에 가서, 똑같은 놀이기구를 타고 퍼레이드를 구경을 하고 돌아왔다. 그런데 돌아와서 쓴 글이 너무나 달라요. 채원이 글에는 자신이 경험한 것만 간단하게 쓰여 있는데, 푸름이 글에는 경험 속에서 자신이 무엇을 느끼고 생각했는지도 자세하게 나타나 있어요. 독자에게 채원이보다 푸름이가 더 뛰어난 표현을 하는 어린이로 보이게 되지요.

내가 너무나 좋은 생각을 하고 있는데 내가 글을 잘 못 써서 아무도 그것을 알아주지 않는다면 얼마나 억울하고 답답하겠어요?

글 속에는 글을 쓴 사람의 생각이 담겨요. 독자들은 글쓴이가 쓴 글을 읽으며 글쓴이의 생각을 이해하게 돼요. 그러면 '글쓴이의 생각은 참 뛰어나구나.' 또는 '글쓴이의 생각에는 무엇인가 문제가 있는 것 같아' 하는 평가를 하게 돼요. 그래서 아무리 좋은 생각을 마음속에 가지고 있더라도 글로 잘 보여 주지 못하면 아무 소용이 없게 되는 것이지요.

우리가 글쓰기 공부를 해야 하는 이유가 바로 여기에 있어요. 이런 억울함과 답답함을 겪지 않기 위해서 글쓰기 공부를 해야 하지요. 사람들은 글 속에 자기 생각을 자세히 잘 쓰는 사람을 '사고력이 뛰어난 사람(생각하는 힘이 뛰어난 사람)' 글 속에 자기 생각을 자세히 쓰지 않는 사람을 '사고력이 부족한 사람(생각하는 힘이 부족한 사람)'이라고 평가할 수 있어요.

같은 경험을 하고 나서 쓴 글이 사람에 따라 다른 이유는 사람마다 생각이 다르기 때문이지요. 사람마다 중요하게 생각하는 것이 달라서 같은 사건을 보고서도 그 사건에서 중요하게 느끼는 부분이 다를 수 있어요. 그 때문에 글을 보면 그 사람이 무엇을 중요하게 생각하는지, 사건을 어떻게 바라보는지 등을 확인할 수 있어요. 글쓰기가 글을 쓰는 사람의 사고력을 평가하는 도구라는 말은 여기서부터 비롯된 것이에요.

대학에 진학할 때나 회사에 취직할 때 '논술 시험'이라는 것을 치르고 있어요. 이 '논술 시험'이라는 것은 쉽게 말하면 '글쓰기 시험'이에요. 대학이나 회사에서 글쓰기 시험을 치르는 것은 '사고력'을 측정하기 위해서예요. 대학이나 회사에 들어와서 공부나 일을 잘할 수 있는 사고력을 가졌는지를 알아보기 위해서 글쓰기 시험을 보는 것이지요. 사고력을 측정하는 시험이 글을 쓰는 시험이라는 점은, 글쓰기가 사고력을 측정하는 가장 좋은 도구라는 점을 증명해 주는 예랍니다. 그래서 글을 잘 쓰지 못하면 사고력이 부족한 사람으로 평가받을 수 있게 되지요.

생각 글 써보기

● 눈을 감고 3분 동안 어제 하루를 기억해봅니다. 어제 있었던 많은 일 중에서 기억에 남은 일을 적어봅니다.

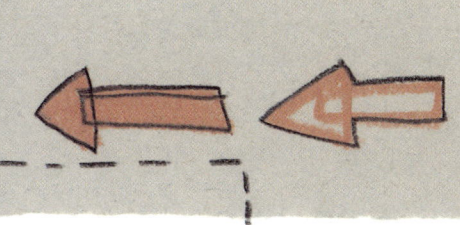

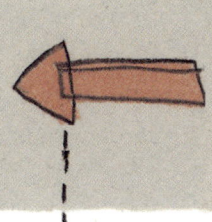

2) 겪었던 그대로 솔직하게

슬프면
슬프다고 써야지요

　글을 쉽게 쓸 수 있는 첫 번째 방법은 솔직하게 쓰는 거예요. 솔직하게 쓰는 것이 무엇이냐고요? 자신이 귀로 듣고, 몸으로 겪고, 느끼고, 생각한 그대로 쓰는 것이에요.

　재미있는 일을 겪으면 재미있었다, 슬픈 일을 보았다면 슬펐다고 쓰는 것이 솔직하게 쓰는 것이지요. 너무나 당연한 이야기 아니냐고요? 예, 너무나 당연한 이야기이지만 불행하게도 많은 어린이가 이 당연한 것을 실천하지 못하고 있어요. 글에는 항상 좋은 내용이 들어가야 하고 예쁜 낱말을 사용해서 예쁘게 써야 한다고 생각하는 친구들이 많거든요. 친구와 싸운 일, 선생님께 혼난 일, 속상한 일 등은 글에 쓰지 않는 거라는 생각을 하는 친구들이 많아요. 그러다 보니 어린이들이 매일 일기를 쓸 때 쓸거리가 없다는 생각을 하게 되지요.

성근아, 미안해!

　점심시간에 점심을 빨리 먹고 친구들과 카드 따먹기를 하며 놀았다. 카드를 책상 가운데 모아놓고 두 손을 겹치고 오므린 채 내려쳐서 카드가 뒤집히면 내리친 사람이 뒤집힌 카드를 갖게 되는 게임이다. 카드 따먹기는 항상 내가 우리 반에서 1등이었기에 난 자신이 있었다.

　'자식들, 오늘도 1등은 나야, 까불지 말라고' 항상 그랬던 것처럼 오늘 게임도 내가 1등을 할 거라는 자신이 있었다. 그런데 막강한 경쟁자가 나타났다. 그 경쟁자는 바로 지난 월요일에 전학을 온 진수였다. 진수는 카드를 나보다 3배는 더 많이 가지고 있었다. 전학 오기 전 학교에서 자기가 따먹기 학교 짱이었다고 자랑을 늘어놓더니 허걱! 내 카드를 모조리 따갔다. 난 한 판도 이기지 못하고 카드를 진수에게 모두 잃고 말았다.

　'이럴 수가!' 진수는 자신이 꼭 '카드의 제왕'이 된 것처럼 으스대며 "어, 벌써 카드 다 땄네. 야, 김한철 이제 그만 하자. 너 이제 빈털터리잖아. 불쌍한데 몇 장 줄까?" 하며 날 거지처럼 대하는 진수에게 복수를 하기 위해 지훈이에게 카드를 10장 빌렸다. 하지만 빌린 카드로도 진수를 이기지 못하고 모조리 잃고 말았다. 마음속에 진수를 반드시 이기고 말겠다는 오기가 더욱 많이 생겨 성근이에게 카드를 빌려 달라고 했다. 그러자 성근이는 "싫어, 너 또 금방 잃을 텐데 뭘 또 하냐? 이제 그만 둬. 넌 이제 짱이 아냐"

성근이는 나랑 가장 친한 친구 가운데 한 명인데 그런 말을 하다니 난 갑자기 마음속에서 화가 나서 성근이를 밀어 버렸다. 그런데 성근이가 밀려 넘어지면서 책상에 다리를 부딪쳤다. 많이 아팠는지 성근이가 막 울었다. 선생님께 혼날까 봐 걱정했는데 다행히 선생님이 자리에 계시지 않아서 혼나지는 않았다.

카드를 몽땅 잃고 친한 친구인 성근이도 울리고 정말 오늘은 속상한 날이다. 진수가 전학 오지 않았더라면 이런 일이 없었을 텐데. 진수가 참 밉다. 그나저나 성근이에게 사과해야 하는데, 어떻게 사과해야 할지 고민이다.

보고 듣고 행동하고
느낀 대로 쓰세요

앞의 글에서처럼 자신이 겪은 일을 그대로 솔직하게 쓰는 글이 읽는 이의 마음에 더 가까이 다가갈 수 있어요. 자신이 겪은 것 가운데 자기에게 불리할 것 같은 내용을 빼고 거짓으로 꾸며 쓰려다 보면 머리도 아프고 고민도 많이 되고, 결국 '어떻게 써야 할지 모르겠어!' 하는 생각을 가지게 된답니다.

솔직하게 겪었던 그대로 쓰려면 보고, 듣고, 행동하고, 느끼고, 생각한 것을 일기에 나타내 보세요. 예를 들어, 여러분이 '피구놀이'를 했다고 생각해 볼 때 내가 공격을 할 때는 상대방을 뚫어지게 쳐다보고(본 일), 있는 힘껏 던지지요(한 일). 또 반대편에서 친구들이 "야, 나한테 패스해." 하고 외치는 소리를 듣고(들은 일) 공을 패스하기도 하지요(한 일). 내가 던진 공이 상대방을 맞추지 못했을 때는 '아이고 아까워라(느낌), 조금만 더 오른쪽으로 던졌으면 맞추는 건데(생각).' 하는 생각을 하게 됩니다.

겪은 일 속에 보고, 듣고, 행동하고, 느끼고, 생각한 것이 모두 포함된다는 것을 이해하면 특별히 '본 일 쓰고, 들은 일 쓰고, 행동한 일 쓰고, 느끼고 생각한 일 써야지.' 하고 의식하지 않아도 자연스럽게 이 네 가지가 나타나는 글을 쓸 수 있게 돼요.

생각 글 써보기

● 지금 어느 곳에 있나요? 주위를 한번 둘러볼까요? 무엇이 보이나요? 집 안에 있다면 방, 거실, 주방, 화장실 등등이 보일 거예요. 이제 보았던 것을 그대로 적어볼까요?

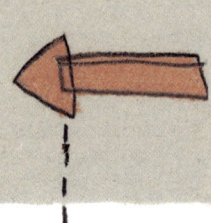

생각 글 써보기

● 지금 있는 곳의 창문을 열고 3분 동안 들리는 소리를 관찰합니다. 듣는 것에 집중하려면 눈을 감고 듣는 것이 더 효과적입니다. 이제 눈을 뜨고 들었던 소리를 그대로 적어봅니다.

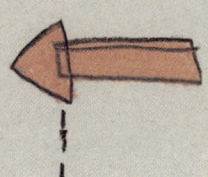

3) 될수록 자세히

친구들 글 보기

　얘들아, 방학은 잘 보내고 있니? 난 스케이트장도 가고 수영장도 다니면서 즐겁게 보내고 있어. 물론 학원에 가는 것은 좀 지겹지만 말이야.

　내 생일이 1월 15일 목요일이야. 항상 겨울 방학 중에 생일이 있어서 생일 파티를 하지 못했는데, 올해부터는 친구들을 모아서 생일 파티를 하자고 엄마가 말씀하셨어.

　생일 파티 장소는 학교 앞에 있는 패밀리 레스토랑이야. 우리 집에서 할까 하다가 우리 집을 모르는 친구들이 많아서 우리 반 친구들이 모두 아는 곳으로 정했어.

　생일 파티 시간은 12시로 정했어. 오전, 오후에는 학원가는 친구들이 많더라고. 그래서 시간 정하기가 어려웠어. 하지만 학원에 다니더라도 점심은 먹어야 하니까 점심시간으로 정한 거야. 점심 먹으면서 생일 파티하고, 그다음 학원에 가야 하는 친구들은 학원으로 가고 안 가는 친구들은 나랑 같이 우리 집에 가서 놀면 되니까 말이야.

  나도 학원 가야 하는 것 아니냐고? 응, 원래는 가야 하는데 엄마가 생일이라고 다 빼주신대. 흐흐흐

  초등학교 들어와서 친구들이랑 처음으로 하는 생일 파티니까 꼭 와주기 바란다. 안 오면 난 삐질지도 몰라. 꼭 와.

  그럼 그때 보자. 안녕~

동생에게
알려 주듯 자세히

앞의 글을 읽어 보니까 어떤 느낌, 생각이 마음속에 떠오르나요? 언제 어디서 생일파티를 하는구나 하는 생각뿐만 아니라 이렇게까지 생일파티를 잘 준비하고 있구나, 꼭 가야겠다, 하는 생각까지 들지요? 이렇게 글을 자세하게 쓰면 읽는 이의 마음을 내가 원하는 쪽으로 움직이게 할 수 있어요.

글을 자세히 쓰기 위해서는 자신의 동생이나 가장 친한 친구에게 알려 준다는 생각이 필요해요. 내가 동생에게 무엇을 설명해 주면 동생은 잘 모르고 궁금한 것이 많아서 질문하잖아요. 동생이 잘 모르고 궁금해할 것 같은 것을 먼저 예상해서 자세하게 설명해 준다는 생각으로 글을 써보세요. 그러면 글을 읽는 사람들이, 내용이 쉬워서 잘 이해되고 좋은 글이라고 칭찬하게 될 거예요. 혹시나 자세히 쓰는 것이 귀찮은 일이라 생각이 드시나요? 그럴 수도 있어요. 하지만 자세히 쓰지 않으면 큰 손해를 보게 돼요. 열심히 시간을 들여 글을 썼는데 원하는 일이 계획대로 이루어지지 않는다면 나만 손해 보게 되는 것이지요. 내가 원하는 목적을 이루기 위해서는 글을 자세히 써야만 해요.

자세히 보고
자세히 듣고

　자세하게 글을 쓰려면 먼저 자세하게 보고 듣는 습관을 들여야 해요. 오늘 자신이 학교에 가던 도중에 무엇을 보았는지, 무슨 소리를 들었는지 생각해 보세요. 떠오르는 장면이 있나요? 없다고요? 왜 떠오르는 것이 없을까요? 매일 똑같이 걸어가는 길이라 특별한 것이 없어서 떠오르는 것이 없다고요? 많은 어린이가 이런 생각을 하고 있어요. 매일 똑같은 일이 일어나기 때문에 특별히 기억에 남는 것이 없다고요. 아침에 엄마의 큰 소리에 일어나서 허둥지둥 씻고, 밥 먹고, 학교 가서 공부하고 친구랑 놀고, 학교 끝나면 영어 학원, 수학 학원, 피아노, 태권도까지 그리고 집에 와서 공부하다 보면 늦은 시간이고, 잠자리에 들게 돼요. 다음 날도 마찬가지로 똑같은 일이 반복되는 힘들고 재미없는 하루가 시작되고요.

　하지만 조금만 깊이 있게 하루 생활을 들여다보면 그렇지 않다는 것을 알 수 있어요. 학교 갈 때 눈에 보였던 사람들을 생각해 보세요. 어제 보았던 사람들과 오늘 보았던 사람들이 똑같았나요? 그들이 똑같은 옷을 입고 있었나요? 학교 가는 길에 사람 말고 무엇을 보았나요? 등굣길에 주차되어있어서 등교를 불편하게 하는 자동차를 보았나요? 학교 앞에서 광고지를 나누어 주는 사람들을 보았나요? 학교에서 친구들끼리 어떤 놀이를 하며 놀았나요? 학원에서는 어떤 일이 있었나요? 집에서는 어떤 일이 있었나요? 아버지가 맛있는 간식을 사서 일찍 들어오셨나요? 반대로 늦게 들어오셨나요?

사람을 만났다면 그 사람의 옷차림, 머리 모양, 신발 모양, 웃는 모습, 얼굴의 특징, 키, 말투 등을 관찰하세요. 물건을 보았다면 먼저 물건의 모양과 색깔을 자세히 보고, 다음으로 그 물건의 사용법, 쓰임새 등을 자세히 보세요. 이런 식으로 자세히 본 것을 그대로 글로 옮기면 자세한 글을 쓸 수 있어요.

주변에서 들리는 소리에 귀 기울여 보세요. 길거리에서는 자동차 경적을 흔하게 들을 수 있어요. 여러분은 자동차 경적이 어떻게 들리나요? 그것을 그대로 적어 보세요. 뛰뛰빵빵이라고요? 정말 그런가요?

많은 어린이가 소리에 대해 오해를 하고 있어요. 자동차 경적은 뛰뛰빵빵, 자전거 소리는 따르릉따르릉, 시냇물 흐르는 소리는 졸졸, 파도 소리는 쏴 쏴 철썩, 구급차 소리는 삐뽀삐뽀, 하지만 그 소리들을 자세히 들어 보면 우리가 알고 있는 것과 다르다는 것을 금방 확인할 수 있어요. 많은 사람이 이해하기 쉽게 자동차 경적은 뛰뛰빵빵이라고 쓰기로 약속해서 그렇게 쓰고 있을 뿐이에요. 다른 소리도 마찬가지예요.

 하지만 우리는 그러한 사실을 모른 채 정말로 거기에서 그런 소리가 난다고 생각하고 있어요.

 조금만 귀를 기울이면 그렇지 않다는 것을 알 수 있는데도 우리는 그동안 그러한 사실을 눈치채지 못한 거예요. 그만큼 주변의 소리에 귀를 기울이지 않았다는 것이지요. 자세하게 쓸 수 있는 많은 소리가 여러분의 귀에 들려 올 거예요.

 어제와 오늘은 겉으로 보기에는 같아 보이지만 그 안을 조금만 자세히 들여다보면 아주 다른 일들로 채워져 있음을 알 수 있어요. 우리가 관심을 가지고 자세하게 관찰하지 않기 때문에 볼 수 없고 들을 수 없을 뿐이지요. 우리가 살아가는 주변을 자세하게 바라보고 귀 기울여 들으면 누구나 자세하게 이야기할 내용을 가지게 돼요.

이 글을 읽고 난 뒤부터 여러분의 주변을 자세히 관찰하세요. 조금 전까지도 보이지 않았던 것들이 보이고, 아무런 느낌을 주지 않았던 소리가 새로운 느낌과 생각으로 다가올 거예요. 자기 주변을 자세하게 관찰하는 습관을 지닌 사람만이 글을 자세하게 쓸 수 있다는 사실을 잊지 마세요.

생각 글 써보기

● 학교에 오가면서 보거나 들은 것을 자세히 적어보세요.

예) "등굣길에 민경이와 가은이가 노래 부르는 것을 들었다."

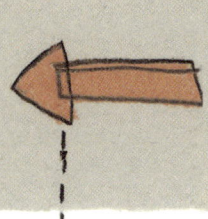

생각 글 써보기

● 아래의 사진을 자세히 보고 어떤 내용인지 적어보세요.

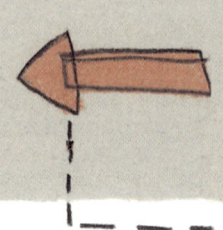

4) 느끼고 생각한 대로

딸기 하나 더 먹을까?

글을 쉽게 쓸 수 있는 또 다른 방법은 느낌과 생각을 쓰는 것이에요. 느낌과 생각은 우리가 어떤 일을 겪게 되었을 때 마음속에 생겨나는 것이지요. 우리 앞에 빨간 딸기가 가득 담긴 그릇이 있다고 상상해 보세요. 그릇에 담겨 있는 딸기 가운데 하나를 입속에 쏙 넣었을 때 여러분의 마음속에는 어떤 느낌과 생각이 떠오르나요?

맨 처음에는 '우와 맛있다!' 하는 '느낌'이 들겠지요. 그리고는 '하나 더 먹을까?' 또는 '이 그릇에 있는 딸기, 내가 다 먹었으면 좋겠다.' 하는 '생각'이 들겠지요. 이렇듯 우리가 어떤 일을 경험하게 되면 마음속에 자동으로 생겨나는 것이 느낌과 생각이에요. 느낌과 생각이 어떻게 다른지 잘 모른다고요?

느낌은 '어떤 것을 보거나 들었을 때 또는 어떤 일을 겪었을 때 생긴 기분'을 가리키는 말이에요. 앞에서 예를 든 이야기를 한 번 보면, 빨간 딸기를 먹었을 때 '맛있다' 하는 기분이 들었다고 했어요. 이때 '맛있다'하는 기분이 바로 느낌이에요. 그리고 생각은 '어떤 것을 보거나 들었을 때 또는 어떤 일을 겪었을 때 생긴 모든 마음'을 가리키는 말이에요. 무엇인가를 바라는 마음, 무엇을 이루려고 하는 마음, 어떤 사물이나 사건, 느낌에 대하여 가지는 견해, 무엇에 대한 깨달음, 가늠하여 헤아리거나 판단하는 마음 등이 모두 생각이에요. 즉 느낌이 순간적으로 마음에 생기는 기분이라면, 생각은 기분이 생기고 난 다음에 이어지는 여러 가지 마음이라고 할 수 있어요.

하지만 여러분이 글을 잘 쓰기 위해 느낌과 생각을 명확하게 구분해야 할 필요는 없어요. 사람은 누구나 어떤 일을 겪게 되면 겪게 되면 마음속에 어떤 느낌이 생기고 그 뒤를 이어서 생각이 피어나거든요. 즉, 느낌과 생각은 거의 언제나 함께 다니는 아주 친한 친구이지요. 너무 친해서 어느 것 하나라도 빠지면 허전해지고 쓸쓸해져요. 항상 같이 다니기 때문에 둘이 굳이 '이것은 느낌이고 이것은 생각이다.' 하고 구분할 필요는 없는 거예요.

그러면 왜 느낌과 생각을 쓰는 것이 필요할까요? 겪은 일을 자세하게만 써도 글을 쉽고 재미있게 쓸 수 있을 것 같은데 말이죠. 왜 그런지 다음에 나와 있는 글을 통해 알아보기로 해요.

# 친구들 글 보기

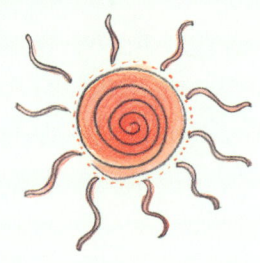

눈병

일기 예보에서 오늘은 한낮 온도가 35도나 된다고 하였다.

<u>으아, 35도라니. 어제는 32도였는데도 죽을 것 같이 더웠는데 오늘은 3도나 높은 35도라니. 정말 이대로 집에 있다가는 더위에 쪄 죽을 것 같다는 생각이 들었다.</u>

난 현준이에게 전화했다.

"현준아, 오늘 수영장 가자! 더워 죽을 것 같아."

현준이의 대답은 당연히 "가자!"였다. 집 근처에 있는 수영장에 갔다. 그런데 이게 웬일! 수영장에는 개미 한 마리 들어갈 자리도 없을 정도로 사람이 많았다. 사람이 너무나 많아서 꼭 목욕탕에서 목욕하고 있는 것 같은 착각이 들 정도였다.

어쨌든 여기까지 왔는데 그냥 집으로 가기에는 바깥 햇볕이 너무 무서워서 현준이와 수영장 안으로 비집고 들어갔다. 일단 물이 차가워서 너무 좋았다. <u>사람은 많지만 역시 수영장에 오기를 잘했다</u>

<u>는 생각이 들었다.</u> 그런데 한 30분 정도 물에서 놀았을 때 눈이 맵고 따가워지기 시작했다.

　처음에는 별로 대수롭지 않게 생각했었는데 시간이 지날수록 너무 아팠다. 현준이도 "야, 너 눈이 빨개. 무섭다." 하며 장난으로 내 옆에서 도망가는 시늉을 했다. 그래도 나가기가 싫어서 아픈 걸 참고 3시간 동안 수영장에서 놀다가 왔다. 눈병에 걸린 적이 없는 나이기에 '설마 눈병이 걸리겠어?' 하는 생각이 들었기 때문이다.

　하지만 집에 돌아왔을 때 내 눈은 빨갛다 못해 퉁퉁 부어올라 있었다. 엄마는 미련스럽게 눈이 아픈 줄도 모르고 놀았다며 꾸중하셨다. 병원에 가서 주사를 맞고 돌아왔다. <u>주사가 얼마나 아픈지 그냥 집에서 얼음이나 먹고 지낼 걸 괜히 수영장에 갔다는 생각이 들었다.</u>

　지금 일기를 쓰면서 한쪽 눈에는 안대를 쓰고 있어 글쓰기가 아주 힘들다. 하지만 오늘 같은 일은 꼭 내 역사에 남겨 놓아야 할 것 같아서 이렇게 일기를 쓴다.

　<u>더위 피하려다 눈병에 걸린 오늘은 참 시원하기도 하고 따끔하기도 한 날이었다.</u>

읽고 나서 좋은 느낌이 생겨야 좋은 글!

앞의 글에서 밑줄 친 부분이 글쓴이가 자신의 느낌·생각을 쓴 부분이에요. 느낌·생각은 글쓴이의 마음속에 숨겨져 있는 마음을 표현해 주는 역할을 해요. 글쓴이가 자신의 마음을 표현하면 독자는 글 속에 나타난 느낌·생각을 읽으면서 글쓴이의 마음을 알 수 있게 되는 것이지요. 결국 글쓴이의 마음과 독자의 마음이 만나면서, 독자는 글 쓴 사람의 마음을 이해하고 느끼게 됩니다.

그렇게 되면 독자의 마음에 그 글에 대해서 좋은 감정이 생겨나 자신이 읽은 글이 좋은 글이라고 느껴지게 돼요. 느낌·생각을 안 쓰면 독자의 마음속에 이런 좋은 느낌이 생겨나지 않아요. 어떤 글을 읽었는데 좋은 느낌이 생기지 않는다면 그 글은 좋은 글로 인정할 수 없겠지요.

도움닫기

어떻게 해야 느낌, 생각을 잘 쓸 수 있을까?

01 마음에 떠오르는 것을 바로 잡으세요

느낌, 생각을 꼭 써야 한다고 알려 주면 '내가 느낌, 생각을 마음속에 많이 생기게 만들어야지.' 하고 노력하는 어린이들이 많아요. 하지만 느낌, 생각은 그렇게 마음먹고 노력하지 않아도 쉽게 쓸 수 있어요.

사람은 누구나 어떤 일을 겪으면 자연스럽게 또는 자동으로 마음속에 느낌, 생각이 생기거든요. 이때 잘 쓰겠다는 부담을 갖지 않고 마음속에 떠오른 그대로 글로 쓰면 아주 훌륭한 느낌, 생각을 쓸 수 있어요. 느낌, 생각을 잘 쓰겠다고 너무 많이 의식하면 부담이 되어서 잘 표현하지 못하는 경우가 있어요. 또 잘 쓰기 위해서 거짓으로 꾸며 쓰는 일도 있고요. 글을 꾸며 쓰려고 하면 앞에서 이야기한 것처럼 글쓰기 자체가 어려워지고 재미없어진다는 것을 꼭 기억하세요.

02 주변에서 일어나는 일을 자세히 관찰하세요

마음속에 생겨나는 느낌, 생각을 자연스럽게 쓰고 싶은데 느낌, 생각이 너무나 적어서 고민인 어린이들이 있나요? 마음속에 생겨나는 그대로 썼더니 느낌, 생각이 겨우 반 줄 정도밖에 되지 않아서 고민인 어린이들이 있을 거예요. 이런 모습은 주변에서 일어나는 일들을 자세하게 관찰하는 습관을 지니지 못한 어린이들에게서 쉽게 볼 수 있어요.

느낌, 생각을 잘 쓰고 싶다면 자기 주변에서 일어나는 일을 자세하게 관찰하는 습관을 지니는 것이 필요해요. 자세하게 관찰할수록 자신의 마음속에 굵직한 느낌, 생각이 떠오르게 되거든요.

03 어느 정도의 느낌, 생각인지를 표현해 보세요

자세하게 보고 듣는 태도로 세상을 바라보세요. 보이지 않던 것들과 들리지 않던 것들이 새롭게 들리기 시작하면서, 여러분의 마음속에 많은 느낌, 생각이 저절로 떠오를 거예요.

　여러분이 학교에서 일기를 잘 써서 상을 받았다고 상상해 볼게요. 상을 받아서 기분이 참 좋겠지요? 이럴 때 '항상 받는 상이라 매일 밥 먹는 것처럼 특별한 느낌이 없었다.', '우와 내가 상을 받다니 하늘을 날고 있는 것처럼 기분이 좋았다.', '항상 일기를 못 쓴다고 혼나던 내가 상을 받다니 소리를 지르며 운동장을 뛰어다니고 싶을 정도로 기뻤다.'라는 말로 기쁜 정도를 표현하면 읽는 이들의 마음에 더 실감 나게 다가가겠지요?

　이렇게 느낌, 생각을 표현할 때 표현하고자 하는 것이 어느 정도의 느낌, 생각인지 다듬어서 표현하면 훨씬 더 실감 나게 표현할 수 있어요. 그러면 읽는 이의 마음에 자신이 겪은 일과 느낌, 생각이 생생하게 전달되는 것은 당연하겠지요.

생각 글 써보기

● 선생님이나 부모님으로부터 칭찬받으면 기분 좋지요? 칭찬받았을 때의 감정을 생각하며 그때의 상황과 느낌을 적어볼까요.

생각 글 써보기

● 선생님이나 부모님으로부터 꾸중 들으면 슬퍼요. 꾸중을 들었을 때의 감정을 생각하며 그때의 상황과 느낌을 적어볼까요.

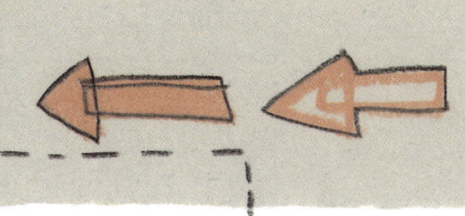

서사문은 감상문이나 설명문, 논설문과도 긴밀하게 연결되고 여러 갈래 글의 기초가 돼요. 결국 서사의 표현 방법을 잘 익혀 두면 글쓰기의 기본을 튼튼히 다지게 되어 모든 종류의 글을 잘 쓸 수 있게 되는 것이지요.

2부
실력 쌓기

1) 서사하는 방법으로 쓰기

모든 글의
기초가 되는 방법, 서사

'서사'는 글쓰기의 바탕이 되는 방법이에요. 보고 듣고 생각하고, 몸으로 한 일을 쓰는 방법을 서사라고 하고, 서사의 방법으로 쓴 글을 '서사문'이라고 하지요. 다른 말로는 '이야기 글'이라고도 해요. 서사문은 글을 쓰는 사람이 스스로 겪은 일을 쓰는 경우가 많지만, 때에 따라서는 남이 겪은 일을 대신 쓸 수도 있고, 또 실제로 겪지도 않은 일을 겪은 일처럼 쓰기도 한답니다.

글쓰기에서 서사문의 자리는 아주 넓어요. 생활 글을 비롯한 일기, 동화, 자서전, 옛이야기도 들어가고, 기사문이나 기행문 같은 글들이 모두 서사문이라고 할 수 있어요. 감상문이나 수필 같은 글도 중심 부분이 서사문으로 되어 있는 경우가 많아요.

이렇게 볼 때 거의 모든 글의 바탕이나 뼈대는 서사문의 성격을 가지고 있다고 할 수 있어요. 어린이들이나 어른들이 가장 많이 쓰고 읽는 것이 바로 서사문(이야기 글)이지요.

서사문은 시간의 경과에 따라 펼쳐 나가는 이야기에요. 사건이

변해가는 모습이 될 수 있는 대로 자기 생각을 내세우지 않고 쓰는 글이지요. 하지만 글을 쓰는 사람의 느낌이나 생각이 전혀 나타나지 않도록 쓰기는 어렵고, 보통 글쓴이의 느낌이나 생각이 조금은 나타나게 돼요.

자기 이야기를 쓰는 경우 언제 어디서 어떤 일을 당해 놀랐다든지, 어떤 생각을 했다는 말이 저절로 나오기도 하고, 또 그것이 그 사건을 잘 보여주는 표현이 되기도 해요. 그러나 느낌이나 생각이 너무 많이 나타나면 감상문이 되고, 다시 그 생각으로 남을 설득하려 들면 논설문의 성격을 띠게 돼요.

서사문은 이런 성격 때문에 감상문이나 설명문, 논설문과도 긴밀하게 연결되고 여러 갈래 글의 기초가 돼요. 결국 서사의 표현 방법을 잘 익혀 두면 글쓰기의 기본을 튼튼히 다지게 되어 모든 종류의 글을 잘 쓸 수 있게 되지요.

서사문 연습은
일기로 시작하세요

　초등학교 때 이유도 알지 못하고 시작한 그림일기가, 2학년이 되어서는 생활 일기로 바뀌고, 써 가지 않으면 혼이 나는 숙제가 되어 버렸어요. 그래서 많은 어린이가 일기 쓰기를 싫어하지요. 일기를 처음 쓸 때부터 재미를 느낄 수 있었다면 일기 쓰기가 싫어서 이렇게 고민하지는 않을 텐데 말이에요.

　앞에서 보고 듣고 몸으로 직접 경험하고, 그러면서 마음속에 생긴 느낌과 생각을 쓰는 글이 서사문이라고 했어요. 그런 의미에서 일기는 서사문의 가장 기본이 되는 글쓰기의 한 종류이지요.

　그런데 서사문에 관해 설명하는 말과 일기에 관해 설명하는 말이 거의 똑같지요? 이렇다 보니 일기 쓰기가 서사문 쓰기의 가장 좋은 연습 방법이 되는 것이지요.

　하지만 글쓰기 연습만을 위해 일기 쓰는 일은 없어야겠지요. 재미도 없는 일을 단지 글쓰기 연습을 위해서 한다면 정말 끔찍한 일이니까요. 그럼 어떻게 하면 일기 쓰기가 즐거운 일이 될지 한번 살펴볼까요?

친구들 글 보기

    오랜만에 아름이한테 전화가 왔다.

    아름인 내 둘도 없는 친구이다. 전화 내용은 '은빛이랑 같이 영화 보자'였다. 난 너무 기뻤다. 새 학년이 된 후 몰려다닌 적이 없으니까. 맨 처음 새 학년 배정을 받고 난 싫었다.

    은빛이랑 아름이와 같은 반이 아니어서 너무 슬펐다.

    다신 혼자가 되지 않으려고 했는데 헤어지게 되다니.

    그 애들하고 친해지기 전까지 난 항상 혼자였다.

    사람들에게 다가가는 방법을 몰랐다.

    항상 마음의 문이 닫혀 있었다. 항상 나 자신을 어둠 속에 숨긴 채 다녔다. 하지만 그 애들이 열어 주었다.

    보잘것없는 나를 바보 같은 나를 초라한 나 박수지를 말이다.

    그래서 작년 내내 그 아이들과 어울렸는데 새 학년 반 배정에서 그 아이들과 떨어지고 말았다.

은빛이는 3반, 아름이는 5반.

그리고 다시 닫혔다. 내 마음이. 그런데 아름이가 다가왔다. 다시. 그래서 영화를 같이 보러 갔고, 은빛이와 아름이 한테는 보여 주었다. 나의 웃음을.

진정한 웃음을.

기쁘다.

일기를 쓰면
행복이 보여요

앞의 일기에서 글쓴이는 자신의 깊은 속마음을 털어놓고 있어요. 친구가 없어서 외롭다는 마음, 그런 자신에게 다가온 친구들의 소중함, 같은 반이 되지 않아 서운했는데 다시 만나 즐겁게 영화를 보고 속마음을 털어놓을 수 있었다는 이야기가 펼쳐지고 있어요. 진정한 일기 쓰기는 바로 이런 일기와 같다는 생각이 들어요. 자신의 답답한 마음, 속상한 마음, 괴로운 마음을 모두 다 쏟아내는 장소가 바로 일기장인 것이지요. 일기를 쓴 어린이는 이 일기를 쓰고 마음이 어땠을까요? 아마 친구들과 있었던 일을 떠올리며 또 한 번의 행복을 마음으로 느꼈을 거예요.

일기는 이렇게 행복을 또 한 번 느끼기 위해서 쓰는 글이에요. 기쁜 일을 일기에 쓰면 일기를 쓰는 동안 그 기쁨이 자신의 마음을 감싸서 기쁜 마음이 더욱 커지게 되고, 답답하거나 슬픈 일을 일기에 쓰면 일기를 쓰는 동안 답답하고 슬픈 마음이 진정되고 풀려 마음이 아주 후련해진답니다.

도움닫기

일기 쓰는 일이 행복해지려면

01 일기장에 이름을 붙여 보세요

 마음을 솔직하게 일기에 적으려고 하면 좀 어색한 느낌이 들 거예요. 내 속마음을 아무에게나 보여 줄 수는 없으니까요. 친한 친구라면 모를까… 그래요. 일기가 친한 친구라면 일기장에 내 속마음을 편하게 쓸 수 있을 거예요.

 그러면 일기장을 여러분의 친구로 만들어 보세요. 어떻게 친구로 만드냐고요? 간단해요. 일기장에 이름을 지어 주면 돼요. 예쁘고 편하게 부를 수 있는 이름요.

 이름을 지어 준 뒤에는 일기장에 이름을 알려 주는 일기를 쓰세요. 그러고 나서 매일 일기장의 이름을 부르고 써 가면서 일기와 친해져 보세요. 그러면 일기 쓰는 시간이 즐거워질 거예요.

02 글감 찾기 표를 이용해 보세요

일기를 쓰려고 책상에 앉으면, 갑자기 가슴이 답답해진다고요? 쓸거리가 없다고요? 무엇을 써야 할지 잘 모르겠다고요? 그럼 다음과 같은 글감 찾기 표를 활용해 보세요. 시간에 따른 것뿐만 아니라 장소에 따라 작성해서 활용할 수도 있답니다. 글감 찾기 표가 습관처럼 익숙해지면 더는 글감 찾기 표를 사용하지 않아도 마음속에서 자연스럽게 일기의 글감이 떠오를 거예요.

글감찾기표

	있었던 일	가장 기억에 남는 일
아침 등교		
오전		
오후		
저녁		
밤		

 서사문을 쓸 때 육하원칙을 꼭 기억하세요!

　서사문을 쓸 때 꼭 써야 하는 6가지 내용이 있는데, 이를 '육하원칙'이라고 불러요. 육하원칙은 다음에 나오는 여섯 가지를 말해요.

　① 누가 : 겪은 일의 주인공
　② 언제 : 겪은 일이 일어난 시간
　③ 어디서 : 겪은 일이 일어난 장소
　④ 무엇을 : 겪은 일의 핵심 내용
　⑤ 어떻게 : 겪은 일의 전개 과정
　⑥ 왜 : 겪은 일이 일어난 이유

　이러한 육하원칙이 나타나도록 서사문을 쓰면 자신이 전달하고자 하는 사건의 내용을 빠짐없이 정확하게 전달할 수 있답니다.

2) 묘사하는 방법으로 쓰기

글로 그림을 그리는 방법, 묘사

글로도 천연색의 그림을 그릴 수 있어요. 어떻게 글로 그림에 나타나 있는 색깔과 다양한 모양을 표현할 수 있냐고요? 바로 '묘사'를 통해서 그렇게 할 수 있답니다.

어떤 대상(사람, 사물, 사건 등)을 놓고 모양, 빛깔, 감촉, 소리, 냄새 등을 마치 눈앞에 있는 것처럼 글로 그려내는 방법을 묘사라고 해요. 묘사는 어떤 대상을 자세하게 이해하기 위해서, 혹은 그 대상에 대한 느낌을 불러일으키기 위해 사용하지요. 즉 글쓴이가 본 것을, 보지 못한 다른 사람들에게 생생하게 그 모습과 느낌을 전달할 때 묘사의 방법을 사용해요.

'묘사'는 어떤 대상을 그려 보인다고 할 때, 그 대상에 관한 정보나 지식을 전달하는 데 있지 않고 느낌과 생각을 전달하는 것에 목적을 두지요. 하지만 '설명'은 묘사와 달리 그 대상에 관한 정보나 지식을 전달하는 데 목적을 두어요. 예를 들어, "은행잎이 노랗다."라고 표현을 하면, 이 표현은 말 그대로 은행잎이 노란 색깔을 가지고 있다는 정보를 제공해 주는 것 이상의 역할을 하지 못하지요. 하지만 "은행잎이 금화로 보인다."라고 표현을 하면 은행잎의 색깔이 노란색이라는 정보 말고도 글쓴이의 눈에는 은행잎이 번쩍번쩍 빛을 내는 금과 같은 노란색이었고, 금처럼 귀한 느낌을 주었다는 것까지 글로 보여 줄 수 있게 돼요.

이처럼 '설명'은 눈에 보이는 것만 자세하게 글로 표현을 하지만, '묘사'는 눈에 보이지 않는 느낌과 생각까지 자세하게 표현한다는 점에서, 둘은 각각 다른 표현 방법을 가지고 있답니다.

어떤 대상을 묘사한다고 할 때, 글쓴이의 눈에 비친 모든 대상을 하나도 빼놓지 않고 자세하게 그려낸다는 것은 불가능해요. 글쓴이는 그 대상으로부터 가장 강렬하게 느낌을 받은 인상을 글로 표현할 수도 있고, 특별히 관심을 두고 있는 것을 중심으로 묘사 할 수도 있어요.

이럴 때 중심을 이루는 인상을 '지배적 인상'이라고 해요. 묘사할 때는 사물의 특징을 있는 그대로 다 나타낼 필요는 없어요. 지배적인 인상을 가장 잘 나타내는 사물의 특징을 골라서 글 쓰는 것이 더 좋은 방법이랍니다.

묘사는 사진이 아니라 그림과 같아요

사진은 실제의 모습과 똑같지만 그림은 어딘가 다르지요? 그림을 그리는 화가에게는 그림을 그리는 '눈'이 있어요. 여기 풍경을 그리는 화가가 있어요. 화가는 자신의 의도에 따라서, 풍경 주위에서 그림에 옮겨야 할 것과 버려야 할 것을 구별하고, 때에 따라서는 그려야 할 대상을 실물과 좀 다르게 그리기도 해요. 그렇게 해서 '작품'을 만들어 내요.

묘사는 사진과 같은 것이 아니라 그림과 같은 것이에요. 글쓴이의 주관적인 느낌과 생각으로 대상을 개성적이고 창조적으로 바꾸어서, 독자에게 독특한 인상과 특이한 감각적 체험을 주어야 좋은 묘사문이 될 수 있어요. 그러기 위해서는 묘사할 대상의 특징을 잘 포착해서 그것을 중심으로 하여 부분과 전체, 부분과 부분을 조화롭게 글로 표현해야 해요.

따라서 자기가 겪은 경험을 감각적인 글로 묘사하려면, 독자도 자신의 경험에 참여시키고 그것을 느끼고 생각할 수 있도록 해

야 해요. 독자가 글쓴이의 느낌과 경험에 참여하게 하려면 그들의 마음이나 감정을 불러일으켜야 해요.

　가능한 한 글쓴이 자신이 맛보고, 감동하고, 냄새 맡았던 모든 경험을 독자들도 똑같이 느낄 수 있도록 해야 하지요.

　만약 독자가 글쓴이 자신이 보았던 것을 충분히 볼 수 없게 된다면, 글쓴이의 경험에 참여할 수 없게 되고, 글쓴이 자신의 감정을 독자에게 전달하지 못하게 돼요. 그 때문에 묘사는 독자가 직접 보지 못한 것을 볼 수 있게, 느끼지 못한 것을 느낄 수 있게 글로 표현하는 것이랍니다.

오감을 통해
얻은 인상을 비유해서

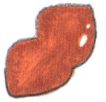

    독자가 직접 보지 못한 것을 볼 수 있고 느낄 수 있도록 하는 방법으로는 비유적인 표현이 효과적이에요. 비유적인 표현이 무엇인지는 여러분이 이미 알고 있어요.

    글을 쓸 때 '~정도로', '~만큼', '~처럼', '~같이'라는 말을 넣어서 어떤 대상의 모습이나 그 대상에서 받은 인상을 표현하는 것을 비유적인 표현이라고 해요. 이때도 될 수 있는 한 남들이 이미 사용한 비유를 피하고 새로운 비유를 써서 독창적으로 표현할 수 있도록 노력해야 해요. 남들이 이미 사용한 비유를 따라 하는 것보다 자신이 새롭게 생각한 비유를 사용하면 독자가 어떤 대상에 대해 더 잘 느끼고 생각할 수 있도록 도와주는 효과가 생깁니다.

    그럼 비유적인 표현을 잘하려면 어떻게 해야 할까요? 매일의 생활 속에서 어떤 대상을 주의 깊게 바라보고, 만져보고, 뒤집어 보고, 냄새를 맡아 보고, 문질러 보고, 소리를 들어보고, 빛을 흡

수하는지 반사하는지, 부드러운 소리가 나는지, 혹은 귀에 거슬리는 소리가 나는지 등을 관찰하고, 자기가 받은 인상을 기록하는 습관을 지녀야 해요. 이런 습관을 지니지 않은 사람은 남들의 마음에 깊은 인상을 주는 비유적인 표현을 쓸 수 없어요. 여기에서 인상을 기록한다는 것은 어떤 대상의 이것저것 모두를 잡다하게 쓰는 것이 아니에요. 상상력을 발휘하여 자신이 선택한 대상과 비슷한 대상을 떠올려 그것과 비교하면서 글을 써나가는 것이지요. 말하자면 오감을 통해 얻은 인상을 비유적으로 표현하라는 것이에요.

그렇게 하면, 독자가 대상을 직접 눈으로 보고 귀로 듣는 것 같은 느낌이 들게 돼요. 그리고 손이나 몸에 직접 닿는 것 같고, 혀로 직접 맛보는 것 같은 느낌이 들게 되지요. 독자가 그렇게 느끼게 되면 기쁨이나 아름다움, 반가움, 슬픔, 무서움, 끔찍함과 같은 느낌과 생각이 일어나면서 글쓴이가 전달하고자 하는 느낌과 생각을 충분하게 전달할 수 있어요.

자신의 느낌을 창의적으로

　자신의 느낌에 상상력을 갖추어 남들과 다르게 표현한다는 것은 쉬운 일이 아니에요. 오히려 남들과 다른 새로운 표현을 써야 한다는 생각을 하다 보면, 마음에 부담감만 생겨서 글쓰기가 더욱 어려워질 거예요.

　그렇다면 자신의 느낌을 창의적으로 표현하려면 어떻게 해야 할까요? 예를 들어, 어느 조용한 밤에 어떤 일이 일어났다고 가정했을 때 조용했던 그날 밤을 표현해 볼게요.

"그날 밤은 매우 조용하였다."

　이렇게 표현했을 때, 과연 자신이 느끼고 생각한 것을 충분히 나타냈다고 볼 수 있을까요? 매우 조용했다는 것은 도대체 얼마나 조용했다는 것일까요? 이렇게 표현을 하면 독자마다 조용했다는 느낌을 다르게 가진다는 문제가 생기게 되어 좋은 표현이 되지 못해요. 조용한 밤의 정도를 정확하게 나타내기 위해서는 조용한 밤에 들을 수 있었거나 없었던 소리를 쓰는 것이 좋아요.

영국이 낳은 세계적인 문학가 셰익스피어도 그의 작품 햄릿의 처음 부분에서 이 문제에 부닥쳤어요. 그때 그는 '쥐가 움직이는 소리조차 들리지 않는'이라고 씀으로써 이 문제를 해결했지요. 그날 밤이 너무나 조용해서 아주 작은 야행성 동물인 쥐가 움직이는 소리조차 들리지 않는다고 표현한 거예요. 정말 그럴듯한 표현이지요? 이러한 방법으로 셰익스피어는 밤의 고요함을 정확하게 묘사했어요. 이처럼 자신의 느낌을 정확하게 표현하기 위해서는 반응의 결과가 아닌 반응의 원인에 관해 써야 해요. 예를 들어, 어떤 대상에서 두려움을 느낀 것을 글로 표현했을 때

"나는 두려움을 느꼈다."

라고 쓰는 것은 반응의 결과를 표현하는 것이에요.

"집에 들어섰을 때 '끼이-익' 하고 열리는 문과 무엇이 썩는 듯한 역겨운 냄새, 등골을 오싹하게 만드는 서늘한 바람… 나는 알 수 없는 두려움을 느꼈다."

어떤 것에서 두려움을 느꼈는데 그 원인을 분명하게 밝혀서 읽는 이로 하여금 역시 같은 두려움을 느낄 수 있도록 해야 좋은 글이 돼요. 자신이 가졌던 느낌을 독자들도 똑같이 가질 수 있게 할 때, 자신의 느낌을 성공적으로 전달할 수 있으니까요.

도움닫기

묘사문 쓰기 이렇게 연습하세요

01 인물 묘사

우리는 매일 여러 사람을 만나지요. 사람들은 저마다 다른 특징을 가지고 있어요. 얼굴도 다르고 생각도 다르고 행동도 다르지요. 여러분이 생활 속에서 만나는 이 사람들이 모두 묘사의 대상이 될 수 있어요.

여러분 곁에 있는 가족과 친구들에 대해 한 명 한 명 묘사해 보세요. 마음속에서 그 사람들의 특징을 하나하나 묘사해 본다면 굳이 글로 쓰지 않더라도 좋은 묘사 연습이 된답니다.

아래는 주변 사람들을 묘사한 보기 글이에요.

제기 차는 친구

재성이와 제기차기를 했다. 재성이는 북한 군인들이 행진할 때처럼 다리를 앞으로 뻗으며 제기를 찼다. 왼손은 하늘로 향하였고 오른손은 땅으로 향하였다. 엉덩이는 오리처럼 실룩샐룩 움직이며 제기를 차는 것을 보니 우습기도 하고 바보 같기도 하였다. 시합하면 내가 제기를 더 많이 찰 것 같다.

입학하는 1학년 어린이들

아직 쌀쌀한 바람이 머무는 운동장에서 1학년 동생들의 입학식이 있었다. 아파트 단지 앞에 주차된 자동차처럼 1학년 동생들이 나란히 줄을 맞추어 서 있었다. 긴장했는지 통나무처럼 입을 꽉 다물고 서 있는 아이들도 있었고, 선생님의 말씀은 듣지도 않고 가위바위보 장난을 치는 아이들도 있었다. 몇몇 아이들은 벌써 친해졌는지 재잘재잘 이야기를 나누고 있었다. 입학식이 끝나고 선생님을 따라 교실로 이동하는 아이들의 모습이 마치 아기오리 같았다.

02 사물 대한 묘사

우리 주변에는 많은 사물이 있어요. 세상은 사람과 사물로 이루어져 있다고 말할 수 있을 정도니까요. 앞에서 사람에 대한 묘사를 살펴보았다면 여기에서는 사물에 대한 묘사를 살펴볼 거예요.

은행나무

파란 하늘에서 내린 가을이 은행나무에 내려앉았다. 푸르던 잎이 노랗게 물들었다. 노랗다 못해 번쩍이는 황금처럼 보인다. 찬 바람에 하나둘 잎이 떨어지고 따뜻하던 가지가 점점 추워진다.

국화

꽃잎은 흰색이고 가운데 노란 것이 쏙 솟았다. 가운데를 자세히 들여다보니 노란 꽃잎이 꽉 들어찬 해바라기 같다. 국화 안에 작은 해바라기가 살고 있나 보다.

3) 생활 감상문, 독후감 쓰기

진실한 느낌과
생각을 글로 옮겨야

'감상'은 한자로 '感想'이라고 써요. '느낄 감' 자와 '생각 상' 자가 합쳐져서 만들어진 낱말이랍니다.

뜻을 풀어보면 '느끼고 생각한 것'이라는 의미가 돼요. 즉 '감상'은 우리 마음속에 생기는 '느낌과 생각'을 가리키는 말이에요.

그렇다면 감상을 표현한다는 것은 무슨 뜻일까요? 말 그대로 우리의 마음속에 있는 느낌과 생각을 글로 쓴다는 것을 의미해요. 우리의 마음속에는 매일 무수히 많은 느낌과 생각이 스쳐 지나가기도 하고 깊게 자리 잡기도 해요. 우리의 마음속에 깊이 자리를 잡는 느낌과 생각을 글로 옮기는 작업이 감상을 표현하는 것이고 감상문을 쓰는 것이랍니다.

앞에서 살펴본 서사문은 글쓴이의 주관적인 느낌이나 생각을 직접 나타내는 것보다 사건이 일어나는 과정과 내용을 자세하게 쓰는데 중심을 두는 글이에요.

하지만 감상문은 글쓴이의 주관적인 느낌이나 생각을 중심으로 쓰는 글이에요. 이때 느낌과 생각은 이것저것 제멋대로 생각한 것이나 허황된 상상을 늘어놓은 것이 되어서는 안 돼요. 어디까지나 사람들과 어울려 나아가는 가운데 우러나는 진실한 느낌과 생각이어야 해요. 곧 삶과 생활을 바탕으로 한 감상이 되어야 한다는 말이지요. 우리가 쓰고 있는 글에는 감상문의 범주에 넣을 수 있는 글이 아주 많아요. 우리 주변에 쓰이는 감상문은 다음과 같아요.

생활 감상문	생활 속에서 어떤 일을 겪으면서 느끼고 생각한 것을 쓰는 글
독후감	책을 읽고 나서 느끼고 생각한 것을 쓰는 글
미디어 감상문	방송 프로그램이나, 신문, 만화, 영화, 연극, 미술 작품, 음악 작품 등을 보거나 듣고 나서 느끼고 생각한 것을 쓰는 글

이렇게 많은 종류의 감상문 가운데 우리는 생활 감상문과 독후감을 중심으로 감상을 표현하는 방법을 살펴보기로 해요.

생활 감상문은 이런 글이에요

생활 감상문은 감상문 가운데서도 가장 널리 쓰는 글이에요. 이 생활 감상문에도 어떤 느낌과 생각이 담겨 있는데, 서사문의 느낌이나 생각과 비슷하지요.

하지만 서사문에서는 느낌과 생각보다 어떤 일이 벌어져서 어떻게 되었다는 내용이 더 중요하게 쓰이고, 생활 감상문에서는 벌어진 어떤 일보다 그 일을 통해서 어떤 느낌과 생각을 가지게 되었는지가 더 중요하게 쓰이는 것이지요. 다음에 나오는 보기 글은 생활 속의 경험을 통해 가지게 된 자신의 느낌, 생각을 잘 표현한 생활 감상문이에요.

날 고민에 빠뜨린 컴퓨터

　지난 5월 어린이날에 부모님이 컴퓨터를 바꾸어 주셨다. 그날 이후 내 삶이 완전히 바뀌었다. 그전 컴퓨터는 친구들이 즐기는 최신 게임을 할 수가 없었다. 그래픽 카드가 구형이어서 화면이 제대로 안 나오거나 게임 자체가 시작되지 않았다. 게임을 마음대로 할 수 없으니 남는 시간에는 집에 가득 쌓여 있는 책을 읽으면서 여유 시간을 보냈다.

　그런데 지금은 하루에 3시간 이상씩 게임을 하지 않으면 잠이 안 올 정도가 되었다. 어떻게 해서든지 3시간 이상은 꼭 하고 잔다. 나는 빨리 끝나는 액션 게임이나 아케이드는 좋아하지 않는다. 적어도 20~30시간 이상을 투자해야만 깰 수 있는 시뮬레이션, 롤플레잉 게임을 좋아한다. 그러니 게임 시간이 길어질 수밖에 없었다. 잠자리에 들려고 눈을 감았을 때 게임의 한 장면이 떠올라 잠을 잘 수가 없다. 내가 얼마나 게임에 광적인지 예를 들어 보겠다.

지난 8월 14일, 부모님께서는 제주도로 여행을 가시고 나만 남게 되었다. 그날 나는 친구인 기득, 대희, 성규, 진석을 불렀다. 모두가 게임광이었다. 5명이 게임을 시작했다. 시작 시각은 2시였다. 그런데 계속하다 보니 5시, 7시, 8시, 12시⋯. 게임은 다음 날 8시에 끝이 났다. 끝이 난 이유는 졸려서도 아니고 게임을 끝내서도 아니다. 배가 고파서였다. 무려 18시간이나 게임을 한 것이다.

이렇게 컴퓨터 게임에 내 모든 것을 걸다시피 6개월을 살다 보니 내 생활이 말이 아니다. 성적은 뚝뚝 떨어졌고, 책상 위는 정리되지 않아 지저분하고, 게임을 하다가 학원 갈 시간도 놓치고⋯.

자율을 중요시하는 부모님은 이런 나를 보시고도 아직 혼을 안 내고 계신다. 부모님을 실망하게 하지 않기 위해서 나 스스로 게임을 하는 시간을 조절해야 하는데 그게 잘 안 된다. 집에 가면 내 마음은 온통 컴퓨터로만 향한다. 수업 시간에 배운 게임 중독에 빠진 것 같다. 어떻게 해야 게임 중독에서 벗어날 수 있을까 걱정이다.

생활 감상문
이렇게 연습하세요!

생활 감상문의 핵심은 느낌·생각 쓰기예요. 어떤 대상이나 사건에 대한 내 느낌·생각을 잘 정리할 수 있어야 좋은 생활 감상문을 쓸 수 있어요.

그러기 위해서는 평상시에 어떤 대상이나 사건에 대해 느낌·생각을 가지는 습관이 필요해요. 평상시에 느낌·생각을 가지고 있지 않다가 감상문을 쓰려고 하면 어려울 수밖에 없겠지요. 생활 속에서 느낌·생각을 가지는 훈련을 위해, 다음 낱말을 보고 떠오르는 느낌·생각을 적어보세요. 정해진 답은 없으니까 여러분의 마음속에 떠오르는 느낌·생각을 자유롭게 적어보세요.

표에 제시된 대상에 대한 느낌·생각은 사람마다 다를 수밖에 없어요. 대상에 대한 경험이 각자 다르기 때문이지요. 예를 들면, 매일 공부하라고 잔소리하는 어머니가 있다고 상상해 볼게요. 이 어린이에게 어머니에 대한 느낌·생각을 적어 보라고 하면 당연히 좋은 느낌·생각보다는 공부하라고 잔소리를 하는 어

대상	느낌과 생각
어머니	
친구	
시험	

머니에 대한 불만이나 아쉬움을 중심으로 쓰겠지요. 반대로, 항상 맛있는 간식을 만들어 주시고 적당히 공부하고 쉬라고 말씀하시는 어머니를 둔 어린이는 앞의 어린이와 다른 어머니의 느낌·생각을 쓸 것입니다. 이렇게 느낌·생각은 평상시에 그 대상과 관계된 어떤 경험을 했는가에 따라 달라져요. 어떤 대상에 대한 경험은 사람마다 다를 수밖에 없으니까 느낌·생각도 다르게 나올 수밖에 없어요. 그래서 느낌·생각을 표현하는 경우에는 정해진 답이 없어요. 어쨌든 앞에서 제시한 대상에 대한 여러분의 느낌·생각이 정리되었다면 그 느낌·생각과 관련된 사건이나 일을 찾아 적어보세요. '우리 어머니는 참 자상하신 분이시다.'

라는 느낌·생각을 썼다면 그런 느낌·생각을 가지게 된 사건이나 일을 찾아 적는 것이지요.

다음 표에 여러분이 찾은 것을 정리해 보세요.

대상	그런 느낌과 생각을 가지게 한 일
어머니	
친구	
시험	

이상으로, 두 개의 표를 통해 생활 속에서 자주 접하는 대상에 대한 느낌, 생각 찾기, 찾은 느낌, 생각의 원인이 되는 사건이나 일 찾기를 해 보았어요.

이런 과정이 생활 감상문을 쓰는 과정이자 방법이에요. 생활 감상문을 쓸 때는 이 두 과정을 차례대로 거쳐 가며 여러분의 생각을 정리하면 돼요. 어떤 대상에 대한 자신의 느낌·생각을 정리하고, 그 뒤에 왜 그런 느낌·생각을 가지게 되었는지, 그런 느낌·생각을 가지게 한 사건이나 일에는 어떤 것이 있는지 생각해 보는 것이지요.

  그런 뒤에 '어떤 대상에 대한 느낌·생각을 하고 있고, 그런 느낌·생각을 가지게 된 것은 이런 사건 때문이다.' 하는 식으로 쓰면 좋은 생활 감상문이 되는 것이지요.

독후감을
잘 쓰려면

　독후감은 다른 말로 하면 '독서 감상문'이라고 해요. '독후감'이라는 말의 뜻은 '책을 읽고 나서 느끼고 생각한 것을 쓴 글'이에요. 감상문이니까 역시 느끼고 생각한 것을 쓴 글이라는 말이 꼭 들어가는 것이지요. 독후감이 책을 읽고 난 뒤에 느끼고 생각한 것을 쓴 글이라면, 영화 감상문, 미술 감상문, 음악 감상문은 어떤 글일까요? 맞아요, 영화나 미술 작품, 음악을 듣고 난 뒤에 느낌, 생각을 쓴 글이 되겠지요. 결국 독후감 쓰기를 잘 공부하면 영화, 미술, 음악 감상문 까지 잘 쓸 수 있게 된답니다.

　누구나 독후감을 잘 쓰고 싶어 해요. 책을 읽고 나서 자신이 받은 감동이나 느낌을 글로 잘 나타내고 싶어 하지요. 하지만, 막상 쓰려고 하면 어디서부터 어떻게 표현할 것인가의 문제가 무척 고민스러워지기 시작하지요. 여러분의 고민을 해결하기 위해, 책을 읽고 느낌, 생각을 정리할 때 무엇부터 먼저 살펴보아야 하는지, 어떻게 글로 표현할 것인지 하나하나 알아보도록 하지요.

주제를 찾아보세요

책을 읽을 때 우리가 먼저 생각해 보아야 할 것은, 무엇보다도 작가가 책 속의 이야기를 통해 독자들에게 어떤 생각을 전달하고자 했는가 하는 문제예요. 다른 말로 주제가 무엇인가 찾아보는 것이죠.

동화 같은 문학 작품의 경우에는 대부분 주제가 겉으로 드러나지 않아요. 등장인물들이 벌이는 사건들만 나타나 있지요. 이때 주제를 파악하기 위해서는 여러 가지 상황들을 잘 따져 보아야 해요. 전체적인 줄거리, 여러 인물의 행동이나 특징, 성격 등을 하나하나 따져 보는 것이죠. 이야기의 전체적인 흐름을 볼 때 작가가 우리에게 무슨 생각을 전하고 싶어 했는지, 등장인물들이 만들어 내는 사건과 행동을 통해 작가는 우리가 무엇을 느끼고 생각하기를 원했는지 생각하는 거예요.

문학 작품의 주제는 매우 다양해요. 사람에 대한 것도 있고, 자연에 대한 것도 있어요. '나는 어떤 사람이 되어야 할까', '사람을 미워하는 것은 왜 좋지 않을까'와 같이 사람의 마음속에서 벌어지는 여러 가지 고민과 관계되는 주제도 있고, '장애우를 어떻게 대해야 할까', '전쟁은 세계에 어떤 문제를 일으킬까'와 같이 사회적인 문제를 주제로 삼는 작품도 있어요. 이 밖에도 많은 주제가 있을 수 있답니다.

주제와 자신의 생활을 연결 지어 보세요

이야기 속 주제들을 파악하고 난 뒤에는 그것들이 자신의 삶에 어떻게 연결되는지 생각해 보세요.

작가가 이야기하고 있는 것들은 대부분 우리의 생활과 연결이 되어 있어요. 그래서 이야기는 생활과 직접 연결되기도 하고, 내 옆에 있는 친구의 생활과 연결되기도 하고, 우리나라 사람들의 생활과 연결되기도 하고, 전 세계 사람들의 생활과 연결되기도 해요.

책을 읽고 작가가 이야기를 통해서 전달하고 싶은 주제가 무엇인지 찾았다면 그 주제가(작가가 이야기하는 것이) 내 생활에 어떻게 연결되는지 생각해 보세요. 예를 들어 이런 이야기를 읽었다고 해 볼게요.

머리에 보기 흉한 흉터를 가진 육상 선수가 있었어요. 육상 선수는 부모님마저 계시지 않아서 머리에 왜 이런 흉터가 생겼는지 물어볼 수 없었어요. 보육원 원장님은 '내가 6살쯤 되었을 때 길을 잃고 울고 있어서 보육원으로 데려왔다.'라는 말씀만 하셨지요. 그 선수는 머리카락을 길러서 보기 싫은 흉터를 가렸어요. 그런데 달리기를 하면 바람에 머리카락이 날려서 그만 흉터가 보이는 거예요. 육상 선수는 그 흉터를 가리기 위해 달리면서 손으로 자꾸 머리카락을 만졌어요. 그러다 보니 달리는 속도가 떨어져서 경기에서 좋은 성적을 거두지 못했어요.

전국체전을 앞둔 어느 날, 육상 선수는 전국체전에서 좋은 성적을 거두기 위해 머리를 빡빡 밀어 버렸어요. 드디어 시합 날이 되었어요. 머리카락에 더는 신경을 쓰지 않게 된 육상 선수는 신기록으로 1등을 차지했어요.

신문과 방송에서는 몇십 년 만에 신기록이 수립됐다며 크게 뉴스로 보도했어요. 신문과 뉴스에 보도된 그다음 날, 중년의 한 아주머니가 육상 선수를 찾아왔어요. 머리에 있는 흉터는 5살 때 미끄럼을 타다가 다쳐서 생긴 것이고, 6살 때 잃어버린 아들을 이제야 찾았다며 흐느꼈어요.

육상 선수가 부끄러워했던 흉터가 어머니를 찾게 해 준 보물이 된 줄 누가 알았겠어요?

이 이야기는 '내 이름은 흉터입니다'라는 동화를 줄거리 중심으로 줄여 쓴 것이에요. 여러분은 지금 줄거리이긴 하지만 이 이야기를 읽고 나서 독후감을 쓰려고 해요. 그럼 마음속에서 무엇을 생각해야 할까요? 첫 번째로는 작가가 이야기를 통해서 나에게 전달하고자 했던 것이 무엇인지 생각해 보아야겠죠? 다른 말로 주제를 찾는다고 했어요. 그럼 작가는 이 동화를 통해서 여러분에게 전하고자 했던 것이 무엇인지 생각해 보세요. 물론 여러분의 느낌, 생각에 따라 다양한 답이 나올 수 있어요. 정해진 답은 없으니까요. 그 여러 가지 가운데 이런 느낌, 생각도 있을 수 있겠지요. '음, 아마도 흉터 같은 자신의 약점이나, 외모 가운데 마음에 들지 않는 부분을 감추지 말라는 것을 전하고 싶었을 거야'

이렇게 이야기의 주제를 찾았다면, 두 번째로는 무엇을 생각해야 할까요? 맞아요, 작가가 이야기한 주제가 내 생활의 어떤 부분에 연결될 수 있는지 찾아봐야 해요.

다음 글은 책을 읽고 난 뒤에 두 가지 과정을 거쳐 느낌, 생각을 정리해서 쓴 독후감입니다. 이렇게 책을 읽고 주제와 그 주제가 내 생활에 어떻게 연결되는지 차근차근 생각해 보면 누구나 쉽게 좋은 독후감을 쓸 수 있답니다.

친구들 글 보기

　나는 외모 가운데 작은 키가 참 고민이었다. 키 크라고 우유도 많이 먹고, 줄넘기나 농구도 밤마다 친구들 몰래 하고, 심지어 홈쇼핑에서 키 크는 건강식품까지 사다가 먹었다. 그래도 키는 클 생각을 안 하고 내 키는 우리 반에서 가장 작다. 나 스스로 작은 키를 신경 쓰다 보니까 체육 시간에 공도 열심히 안 차고, 아이들이 밖에서 놀자고 하면 피하는 경우가 많았다. 그러다 보니 많은 부분에서 자신감을 잃어가고 있다. 그런데 이 동화를 읽으면서 내 마음 한구석이 환하게 밝아져 오는 것을 느꼈다.

　몸에 있는 흉터 때문에 고민하던 주인공이 멋지게 성공하는 것을 보면서 나도 바보처럼 키가 작다는 것에만 신경 쓰고 있을 필요가 없다는 것을 깨달았다. 주인공인 육상 선수는 자기의 흉터를 신경 쓰지 않을 때 가장 좋은 결과를 얻을 수 있었다. 나도 키가 작다는 것에만 신경을 써서 그동안 하지 못한 것들, 잘할 수 있는데 잘하지 못한 것들이 많은 것 같다.

앞으로 키가 작다는 것을 신경 쓰지 않고 내가 하고 싶은 것을 열심히 하면 남들보다 더 잘할 수 있을 거라는 생각이 들었다.

나에게 이런 생각과 용기를 준 참 좋은 책이다.

생각 글 써보기

책을 읽고 난 뒤의 감상을 쓰세요.

감명 깊었던 구절이나 말을 쓰세요.

월 일

4) 설명하는 글쓰기

설명은 어떤 방법인가?

설명은 어떤 물건이나 사실, 또는 일어난 일, 작품, 생각들에 대해서 누구든지 잘 알 수 있도록 그것을 쉽게 풀이하는 것을 말해요.

쉽게 풀이한다는 말은 그 대상에 따라 특징이나 장점, 쓰는 방법을 알리는 말이 될 수도 있고, 이름이 나 있는 곳이나 하는 일, 어떤 일이 일어난 배경이나 역사를 밝히는 말이 될 수도 있으며, 뜻을 밝히는 말이 될 수도 있어요.

이런 설명의 방법으로 쓴 글을 '설명문'이라고 하지요. 설명문은 우리 사회에서 아주 많이 쓰게 되는 글이에요. 여러 가지 상품의 특징이나 쓰는 방법을 적어 놓은 글, 제품을 광고하는 글, 작품 해설문, 사람을 소개하는 글, 역사나 지리를 말해 놓은 글, 자연현상을 알리는 글, 사전에서 말을 풀이해 놓은 글 등이 설명문이랍니다.

우리 주변에서 설명의 방법으로 쓰인 설명문을 찾아볼까요?

여러분이 좋아하는 닌텐도 게임기를 샀다고 상상해보세요. 포장된 상자를 열면 본체와 함께 무엇이 나오지요? 그래요, 게임 설명서가 나와요. 게임을 어떻게 설치하면 되는지, 조정기의 자판은 무엇을 뜻하는지, 게임의 방법은 어떠한지 등 게임을 어떻게 시작하고 마칠 것인지 자세하게 이야기하고 있어요. 그 종이의 이름이 무엇이라고요? 그래요 '게임 설명서', 바로 설명문이지요. 이런 게임뿐만 아니에요. 여러분이 먹고 마시는 과자나 음료수의 뒷면을 보세요. 어떤 성분이 얼마나 들어가 있는지, 다 먹고 난 뒤에 어떻게 해야 하는지 등에 관한 내용이 쓰여 있어요. 이것도 설명의 방법이 사용된 설명문의 한 종류라고 할 수 있지요.

요즘 부모님들이 많이 보시는 홈쇼핑을 생각해 보세요. 쇼호스트라고 불리는 사람들이 나와서 어떤 물건을 하나 보여주고 그 물건의 어떤 점이 좋은지, 구매해서 사용하면 생활이 어떻게 편리해지는지 하나하나 이야기해 주지요. 이야기를 잘해야 물건이 많이 팔리니까 쇼호스트들은 이야기를 잘하기 위해서 큰 노력을 해요. 이럴 때 이야기를 잘하는 것이 무엇이죠? 바로 '설명'을 잘하는 것이에요. 이렇게 '설명'의 방법과 그런 방법으로 쓰인 글인 '설명문'은 우리 생활 곳곳에서 살아 숨 쉬고 있어요. 그러기에 우리가 설명의 방법과 설명문을 어떻게 하면 잘 쓸 수 있는지 공부하는 것이 중요해요.

설명문, 이렇게 연습하세요

최대한 쉽고 친절하게 이야기한다는 생각을 가지세요

설명문은 사실을 잘 알고 있는 내가 아니라 사실을 잘 모르고 있는 사람들을 대상으로 쓰는 것이기 때문에 최대한 쉽고 친절하게, 또 상세하게 써야 해요.

설명하는 나는 설명하려고 하는 사물이나 사건을 잘 알고 있지만, 내가 아는 것을 상대방이 모르고 있는 경우가 많아요. 그러니까 그 사람들을 위해서 최대한 친절하고 자세하게 글을 써야 하지요.

평소에 주변에서 일어나는 일들에 관해 관심을 가지세요

쉽게 설명하려면 설명하고자 하는 대상에 대해 자세하게 알고 있어야겠죠? 아는 게 있어야 설명을 하지, 아는 게 없다면 설명도 할 수 없잖아요.

그렇다면 지식을 많이 쌓아야 설명을 잘할 수 있을까요? 물론 어떤 부분에 대한 지식이 많이 가지고 있으면 설명을 잘할 수 있겠지요. 하지만 지식을 많이 쌓는 것보다 더 중요한 것은 자기 주변에서 일어나는 일들에 관한 관심을 가지고 자세히 관찰하는 태도랍니다.

언제 어느 때 어떤 것에 관해 설명할 기회가 우리에게 올지 알 수 없어요. 따라서 지식을 쌓아서 설명을 잘할 수 있게 한다는 것은 그리 쉬운 문제가 아니랍니다. 하지만 주변에서 일어나는 일들에 관심을 가지고 자세하게 관찰하는 습관을 지니면 관심의 범위가 넓어지고 알게 되는 지식도 점차 많아진답니다. 사람들은 대화할 때 주로 자신의 주변에서 일어나는 일들에 관해 이야기를 주고받아요. 결국 주로 설명하게 되는 내용도 자신의 생활 주변에서 일어나는 일들이 되지요. 따라서 자신의 주변에서 일어나는 일들에 관해 관심을 가지고 자세히 지켜보는 자세를 갖는 것이 설명하는 힘을 기르는 길입니다.

클릭! 해원!

안녕하십니까? 4학년 3반 20번 최해원입니다. 저를 소개할 제목은 클릭! 해원! 입니다. 여기서 클릭이란 컴퓨터 마우스를 눌렀을 때 나는 소리입니다. 제가 컴퓨터 다루는 것을 좋아해 제 소개의 제목을 이렇게 정했습니다. 클릭하면 컴퓨터에 새로운 내용이 나타나는 것처럼 저에 대한 소개를 하나씩 시작하겠습니다.

저의 특기는 피아노 연주입니다. 피아노를 배운 것은 햇수로 7년째인데(유치원 때부터 쳤답니다.) 수준급은 아니지만, 연주를 무척 좋아합니다. 그래서인지 다른 학원은 가기 싫은 적이 많았는데, 피아노는 한 번도 그런 마음이 든 적이 없습니다.

취미는 그리기인데, 그저 긁적대는 솜씨일 뿐이지만 낙서가 안 된 곳이 없을 정도로 그리는 것을 좋아합니다. 그래서 저의 톡톡 튀는 개성과 기발한 상상력을 살려 만화와 관련된 일을 하고 싶습니다.

이런 저의 별명은 따발총, 목소리가 큰 데다 말이 많은 만큼 튀기는 파편이 많아서 친구들이 붙여준 별명입니다. 그러나 여러분께서는 걱정 안 하셔도 될 것 같습니다. 이제는 야성에다 지성까지 갖추기 위해, 활발하면서도 차분한 모습으로 거듭날 것이니까요.

이어서 제가 미처 소개하지 못한 저의 특징을 몇 가지 단어들로 소개하겠습니다.

사진 : 저는 사진을 좋아합니다. 금방 없어지는 순간을 기록할 수 있기 때문입니다. 카메라로 소중한 순간을 찍고 출력하여 앨범에 보관하고 있답니다.

꿈 : 피아니스트와 만화작가 사이에서 방황하고 있습니다. 그냥 두 가지 다 하면 안 될까요?

행복나누미 : 저의 좌우명입니다. 남들에게 행복을 전하는 사람, 그러기 위해 나 자신이 먼저 행복할 수 있도록 노력하고, 날마다 그렇게 살기 위해 노력할 것입니다.

마지막으로 제 이름으로 준비한 삼행시를 들려 드리겠습니다. 제 이름을 이용한 삼행시로 제 소개를 끝마치다니, 생각이 참 기발하지요? 운을 띄워 주세요!

최 : 최고가 아닌 최선을 다하는 사람
해 : 해보다 달 같은 사람
원 : 원처럼 동그란 성격을 가진 저 최해원, 사랑해 주세요~

깊이 있는 관찰이
좋은 설명문을 만들어요

해원이가 쓴 자기 설명문은 어떤가요?

설명문 제목을 특이하게 썼고 왜 그렇게 썼는지, 또 특기, 취미, 별명을 순서대로 밝혀 주었어요. 그러고 나서는 자신의 특징을 나타낼 수 있는 낱말을 세 가지 제시하면서 특징을 설명하고, 마지막으로 이름으로 삼행시를 지었어요.

해원이가 사용한 소개 방법이나 내용에서 새롭다고 느끼거나 기억에 남는 것이 있나요? 제목과 낱말과 자신의 특징을 설명하는 것과 마지막 부분의 삼행시가 기억에 남는다고요? 그래요, 자기 자신에 대한 깊이 있는 관찰이 있었기에 자신의 특징을 대표할 수 있는 낱말을 찾아, 자신을 설명할 수 있을 뿐만 아니라 삼행시도 지을 수 있었어요.

평상시에 자신이 어떤 특징을 가지고 있는 사람인지 살펴보지 않았다면 이런 글을 쓸 수 없었을 거예요.

여러분들도 평소에 자기 주변을 자세히 관찰하는 습관을 지니고 있다면 좋은 설명문을 쓸 수 있답니다.

　설명하는 힘을 키우는 연습을 하려면 우리 주변에 있는 것을 골라 자세히 관찰해야 한다는 것, 잊지 마세요.

도움닫기

설명하는 방법, 네 가지를 활용해보세요

01. 풀이하는 방법으로 설명문 쓰기

설명하는 방법 가운데 가장 많이 쓰이는 방법이 바로 '풀이하는 방법'이에요. 다른 말로 '정의'라고도 해요. 이 방법은 '무엇은 무엇이다.'처럼 사물이 지닌 뜻을 자세히, 알기 쉽게 풀어 쓰는 것이에요.

집에 있는 '냉장고'를 정의하는 방법으로 설명해 볼게요.

냉장고

냉장고는 식품이나 약품 등을 부패하지 않도록 저온에서 보관하거나 적정 사용 온도를 유지하기 위한 장치입니다.

저장실과 냉각 장치로 이루어졌으며 얼음, 전기, 가스 등을 이용하여 냉각합니다.

02. 모으고 나누는 방법으로 설명문 쓰기

설명문을 쓸 때는 자세하고 정확하게 설명하기 위해 필요한 자료를 수집하는 때도 있어요. 이렇게 수집한 자료를 적절하게 모으고 나누는 것이 필요해요.

수집한 자료를 모으고 나눌 때는 먼저 여러 가지 자료를 공통으로 모을 수 있는 기준을 정하세요. 그러면 몇 개의 기준이 생기겠지요. 그런 다음, 여러 가지 기준에 맞게 자료를 나누면 일이 쉽게 끝나게 되지요. 이 방법대로 설명문을 쓸 수 있어요.

아래 여러 가지 자료를 보고 이 자료를 나눌 수 있는 몇 가지 기준이 되는 자료를 찾아보세요.

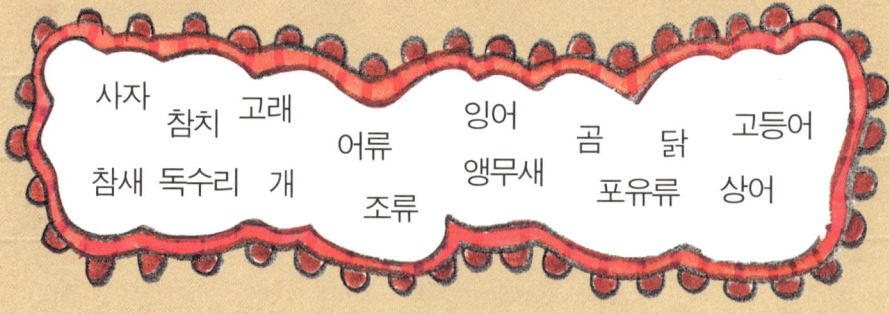

사자 참치 고래 어류 잉어 곰 닭 고등어
참새 독수리 개 조류 앵무새 포유류 상어

자료를 보니 여러 동물의 이름에 대한 것이네요. 이 동물들의 이름을 어떤 기준으로 나누고 모아볼 수 있을까요? 종류, 먹이, 사는 곳 등으로 나눌 수 있겠지요.

여기서는 동물들의 종류를 기준으로 동물의 이름을 나누고 모아 볼게요. 우선, 새끼를 낳아서 기르는 포유류, 하늘을 날아다니며 사는 조류, 물속에 사는 어류를 기준으로 할 수 있겠지요?

이렇게 기준을 정한 뒤에는 그 기준에 해당하는 동물의 이름을 아래 자료에서 모아야겠지요.

포유류에 속하는 것은 사자, 곰, 개, 고래이고, 조류에 속하는 것은 앵무새, 닭, 참새, 독수리, 어류에 속하는 것은 참치, 상어, 잉어, 고등어이지요.

기준을 정하고 그 기준에 따라 자료를 나누었으면 이제 자료 하나하나를 참고해서 동물에 대한 설명하는 글을 쓰면 돼요.

예를 들면,

'지구상에 존재하는 동물은 새끼를 낳아서 기르는 포유류, 하늘을 날아다니는 조류, 물속에 사는 어류 등으로 나눌 수 있다. 먼저 포유류에 속하는 동물로는 사자, 곰, 개, 고래 등이 있다. 사자는 ~한 특징을 가지고 있고, 곰은 ~한 특징, 개는 ~한 특징, 고래는 ~한 특징을 가지고 있다. 포유류에 속하는 동물들이 이런 특징을 보이는 것으로 보아 포유류는 ~한 특징을 가지고 있다고 볼 수 있다. 두 번째 조류에 속하는 동물로는…' 이런 식으로 설명문을 쓸 수 있지요. 다양한 자료를 모으고 기준에 따라 나누고 모아 그것을 참고해서 설명문을 쓰면 자세하고 정확한 설명문을 쓸 수 있어서 좋아요.

03. 비교, 대조하는 방법으로 설명문 쓰기

'비교한다'란 말과 '대조한다'란 말을 들어 보았나요? '비교한다'라는 말은 두 가지 사물이나 대상을 같은 점과 비슷한 점을 가지고 이야기하는 것을 가리키고, '대조한다'라는 말은 두 가지 사물이나 대상의 다른 점과 차이점을 가지고 이야기하는 것을 가리켜요. 따라서 비교, 대조하는 방법으로 설명문을 쓰는 것은 두 가지 사물이나 대상의 비슷한 점이나 다른 점을 가지고 설명문을 쓴다는 것이지요.

여기서는 말과 글을 그 대상으로 정해 보지요. 말과 글이 비슷한 점과 다른 점을 생각해서 정리해 보면 아래처럼 할 수 있어요.

구분	말	글
비슷한 점	① 자기의 생각을 표현하는 도구이다. ② 다른 사람과 의사소통을 하게 도와주는 도구이다.	
다른 점	① 시간적, 공간적 제한이 많다. ② 오래 보관할 수 없다. ③ 한 번 한 말은 고치기 어렵다. ④ 목소리를 통해 전달된다.	① 시간적, 공간적 제한이 적다. ② 오래 보관할 수 있다. ③ 한번 쓴 글을 다시 고치기 쉽다. ④ 글자를 통해 전달한다.

이렇게 두 대상의 비슷한 점과 다른 점을 정리한 뒤에는 이것에 살을 붙여서 설명문을 쓰면 돼요.

정리한 내용에 살을 붙여 설명문을 쓴 것을 한번 읽어 볼까요?

말과 글

말과 글은 모두 자기의 생각이나 감정을 표현할 수 있으며 다른 사람과 대화가 가능하다. 하지만 말은 목소리를 통해 전달하는 것이고, 글은 글자를 통해 전달되기 때문에 다른 점이 있다. 말은 입을 통해 나오기 때문에 오래 보존할 수 없으며, 한 번 뱉어 낸 말은 고치기 어렵고, 같은 시간과 장소에 없으면 들을 수 없다. 그러나 글은 글자로 표현되기 때문에 오래 보관할 수 있으며, 다시 고쳐 쓰기도 쉽다. 또한 같은 시간이나 장소에 없더라도 다른 사람에게 전달할 수 있다.

말과 글, 두 대상의 비슷한 점과 다른 점을 나누어 쓰니까 두 대상의 특징이 더욱더 쉽게 이해되지요? 이처럼 비슷한 두 대상을 설명하는 경우에는 비교, 대조의 방법을 사용해 보세요. 더 쉽고 효과적으로 설명문을 쓸 수 있답니다.

04. 분석하는 방법으로 설명문 쓰기

'분석한다'라는 말은 하나의 대상을 작은 부분으로 나누어 보고, 그 부분들이 어떤 역할을 하는지 차근차근 이야기하는 것을 뜻해요. 결국 분석하는 방법으로 설명문을 쓴다는 것은 자신이 설명할 대상을 여러 개의 작은 부분으로 나누어서 하나씩 설명하는 글을 쓰는 것이에요.

여러분 마음속에 꽃 한 송이를 떠올려보세요. 장미꽃도 좋고 목련꽃도 좋아요. 그 꽃들은 어떤 부분으로 이루어져 있나요? 각 부분은 어떤 모양과 특징을 가지고 어떤 역할을 하나요?

자, 생각이 끝났나요? 조금 전에 했던 생각 그대로 설명문을 쓰면 그것이 분석하는 방법으로 쓴 설명문이 된답니다. 어떤 모양의 글이 나오는지 한번 볼까요?

꽃

꽃은 꽃잎, 꽃받침, 암술, 수술로 이루어져 있다. 꽃잎은 암술과 수술을 보호하며, 화려한 색깔로 곤충을 유인하여 꽃가루받이가 잘 되게 한다. 꽃받침은 꽃의 가장 바깥쪽에서 꽃을 보호하고 있으면 대부분 초록색이다. 수술은 동물의 수컷과 비슷한 역할을 한다. 긴 수술대 끝에 달린 작은 주머니 모양의 꽃밥에서 꽃가루를 만든다. 암술은 동물의 암컷에 해당하는 역할을 하며, 밑 부분이 동그스름한 씨방으로 되어 있다. 이 씨방 안에 밑씨가 들어 있다.

꽃을 여러 부분 꽃잎, 꽃받침, 암술, 수술로 나누어 각 부분이 어떤 역할을 하는지 설명했어요.

이렇게 어떤 하나의 대상을 작은 부분으로 나누어서 한 부분씩 자세히 들여다보고 설명해 보세요. 읽는 이들이 쉽게 이해할 수 있는 좋은 설명문이 될 거예요.

생각 글 써보기

● 같은 반 친구들을 분류의 방법으로 설명하여 적어보세요.

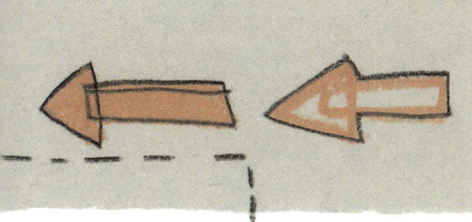

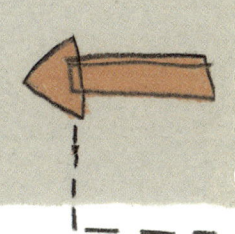

생각 글 써보기

● 택시와 버스의 비슷한 점과 다른 점을 적어보세요.

5) 설득하는 글쓰기

설득은
어떤 방법인가?

　사람들은 누구나 자기만의 생각을 하지요. 그래서 생각이 다르면 저마다 자기 생각이 옳다고, 자신의 방법이 더 효과적이라고 말하게 되지요. 자기 생각이 옳고 효과적이라고 말하는 것이 바로 설득이에요. 자기 생각이 왜 더 효과적인지 이야기해서 다른 이들이 내 생각이 옳다고 인정하게 하는 것이 바로 설득이죠. 이런 설득을 글로 나타낸 것을 '논설문'이라고 해요. 쉬운 말로는 '주장하는 글'이라고도 하지요. 글로 설득을 하는 논설문은 자기 생각을 남들이 들어주도록 주장하는 글이 되는 거예요.

　생활 속에서 자기 생각을 주장하는 경우는 자신의 마음을 불편하게 하는 일이 벌어질 때입니다. 여러분은 이럴 때 어떻게 행동하나요? 불쾌하게 만든 사람에게 화를 내나요? 아니면 그냥 참고 넘어가나요? 화를 내면 그 사람과 싸움이 시작될 수 있어요. 그렇게 싸우면 오랫동안 그 사람과 사이도 나빠질 수 있고, 결국 화를 내는 것은 나 자신에게 그리 도움이 못 되는 것 같네요.

그러면 그냥 참고 넘어가면 어떻게 될까요? 기분 나쁜 것을 표현하지 못했으니까 자신의 마음이 답답하지요. 그리고 자신을 기분 나쁘게 한 사람은 아무런 잘못도 느끼지 못하니까 미안하다는 말도 안 하고, 다른 사람들에게도 계속 그런 행동을 반복할 거예요. 결국 참고 넘어가는 것도 나 자신에게 도움이 안 되네요.

이런 답답한 문제를 시원하게 해결하는 방법이 바로 논설문을 쓰는 거예요. 화를 내서 사람을 기분 나쁘게 하지도 않으면서 그 사람이 무엇을 잘못했는지 알려 주고, 그 잘못을 어떻게 고치는 것이 좋을지 글로 써서 알려주는 것이지요.

논설문은 자기의 주장으로 다른 사람들을 설득해 원만한 생활을 할 수 있도록 도와줄 거예요.

주변을 관찰하세요

앞에서 마음속에 절실하게 주장하고 싶은 생각을 가지려면 자신의 삶과 주변에서 일어나는 일에 관심을 가지고 자세히 관찰해야 한다고 했어요. 그러면 주변의 일에 관심을 가지고 관찰하려면 어떻게 해야 할까요? 그 방법을 지금부터 알아볼게요.

꾸준히 뉴스를 보거나 읽으세요

뉴스는 그날 일어난 일 가운데 우리나라 국민이 알아야 하는 중요한 일을 알려주는 도구예요. 이런 소식을 글로 써서 알려주는 것이 신문이고, 뉴스를 화면으로 만들어서 보여 주는 것은 텔레비전 뉴스예요. 그리고 스마트폰에서는 인터넷 포털을 통해 어디서든 신문사의 뉴스도 쉽게 볼 수 있어요. 이렇게 여러 가지 방법으로 꾸준히 뉴스를 읽어 보세요. 주변에서 어떤 일들이 일어나고 있는지 자세히 알 수 있을 거예요.

뉴스는 자신이 관심을 가지는 분야부터 읽으세요

뉴스는 어른들이 읽고 보는 거로 생각하는 어린이들이 있어요. 특히 종이 신문 같은 경우에는 글자도 작고 어려운 단어도 나와서 어렵다는 생각이 드니 어른들이 읽는 것으로 생각해 버리는 것이죠. 뉴스는 여러 가지 분야의 소식들로 이루어져 있어요. 어른들이 관심을 두는 정치와 경제 이야기도 있고, 남자들이 조금 더 좋아하는 스포츠 이야기도 있고, 엄마와 여자들이 좋아하는 미용이나 패션 이야기도 있지요.

여러 가지 분야의 소식 가운데 여러분이 평상시 관심이 있는 부분의 뉴스부터 읽어보세요. 어렵게만 느꼈던 뉴스가 재미있어질 거예요. 뉴스가 재미있어지면 누가 시키지 않아도 자연스럽게 다른 분야까지 넓혀서 읽게 된답니다.

자신이 읽은 기사와 관련 있는 칼럼이나 사설을 읽어 보세요

사설은 그날 또는 그 전날 일어난 어떤 사건에 대해 신문사의 주관적인 의견을 담은 논설문이고, 칼럼은 사회적으로 이름 있는 개인이 최근 일어난 사건에 대한 자신의 개인적인 의견과 주장을 담은 논설문이에요. 따라서 사설이나 칼럼을 읽으면 내가 읽은 사건에 대해 다른 사람들은 어떤 의견을 가졌는지 확인할 수 있게 돼요. 그리고 자연스럽게 논설문은 어떻게 써야 하는지도 알게 되지요.

사설이나 칼럼의 주장을 가려내세요

　사설이나 칼럼을 읽다 보면 지은이의 주장에 대해 고개가 끄덕여지는 부분도 있고 반대로 고개가 저어지는 부분도 있을 거예요. 사설이나 칼럼의 주장이 내 생각과 같을 수도 있고 전혀 다를 수도 있기 때문이지요. 우리나라 사람들은 사설이나 칼럼을 읽으면서 무조건 지은이의 주장을 인정하고 받아들이는 습관이 있는데, 이것은 매우 잘못된 습관이에요. 앞에서 이야기한 것처럼 사설은 신문사 사설을 쓴 사람의 주관적인 의견일 뿐이고, 칼럼도 칼럼을 쓴 사람의 주관적인 의견일 뿐이에요. 따라서 그 사람들의 의견이나 내 의견이나 모두 다 똑같은 비중을 차치하는 의견이라는 것을 명심하세요. 많은 사람이 보는 신문이니까 무조건 타당한 주장을 제시했다고 생각하는 것은 잘못된 생각이에요.

　사설이나 칼럼의 주장이 올바른지 주장의 근거가 무엇인지 하나하나 꼼꼼히 따져 읽어 가면 주장의 잘못을 발견할 수도 있고 내 주장을 보다 명확하게 세울 수도 있게 된답니다.

사설이나 칼럼과는 다른 의견을 간단한 글로 정리하세요

사설이나 칼럼을 꼼꼼히 따져 읽다 보면 내가 동의할 수 없는 다른 의견이나 주장을 찾아내게 돼요. 물론 모두 다 내가 동의하는 내용만으로 채워진 사설이나 칼럼도 있어요. 무조건 비판점을 찾아내자는 말은 아니지요. 그럴 때는 사설이나 칼럼의 주장과는 다른 내 주장을 정리해 보는 것이 필요해요. 주장에는 근거가 있어야 한다는 것 기억하죠? 자신이 왜 그렇게 생각하는지에 대해 명확한 근거를 들어 자신의 주장을 정리하세요.

논설 일기 또는 사설, 칼럼 모음장을 꾸준히 기록하세요

앞에서 이야기한 과정을 거쳐 가도록 도와주는 도구가 바로 '사설, 칼럼 모음장' 이에요. 이 사설 칼럼 모음장을 꾸준히 기록하다 보면 자신도 모르게 기사를 분석하는 능력과 기사에 대한 근거 있는 뚜렷한 자기 생각을 가지게 돼요.

또 여러분이 지금 쓰고 있는 일기에다 논설 일기를 쓸 수도 있어요. 오늘 어떤 기사를 읽었는지 사건의 내용을 요약하고, 그 사건에 대한 자신의 주장을 정리하면 훌륭한 논설 일기가 된답니다. 사설, 칼럼 모음장이든 논설 일기든 자신의 처치에 맞는 방법을 선택하여 꾸준하게 쓴다면 누구나 논설문을 잘 쓸 수 있어요.

생각 글 써보기

● 최근에 보았던 뉴스에 대해 적어보세요.

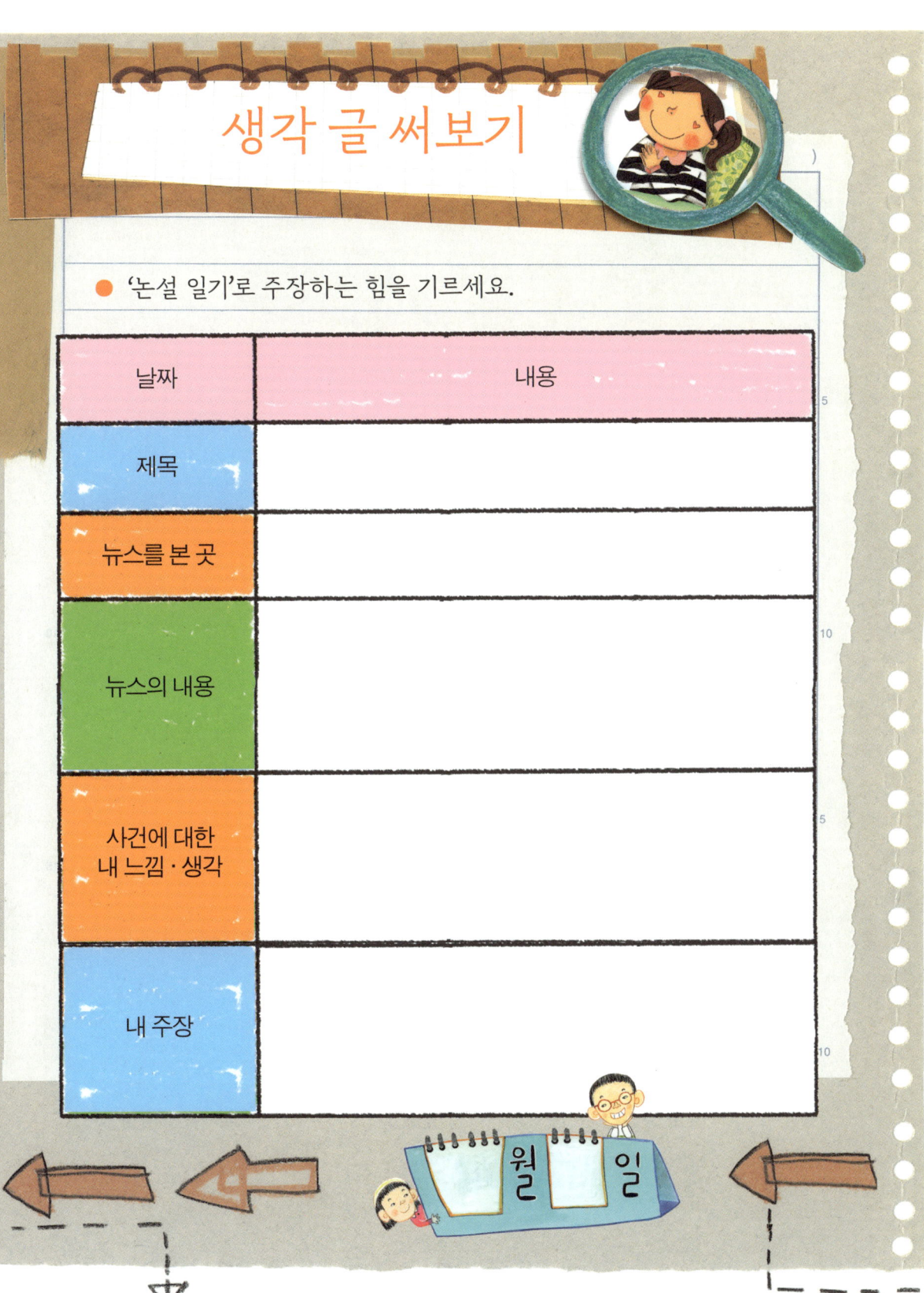

우리가 모두 훌륭한 문학가, 문장가가 될 필요는 없으므로 글을 잘 써야 한다는 부담을 가질 필요는 없어요. 글을 잘 써야 한다는 부담은 오히려 우리의 글쓰기를 방해할 뿐이에요. 여러분 마음속에 떠오른 느낌과 생각을 그대로 글로 쓴다는 글쓰기의 기본자세를 꼭 잊지 말고 실천하세요.

3부
날개 달기

1) 글 쓰는 과정 살피기

어떤 글쓰기 주제에도 자신이 있게!

지금까지 배운 내용만으로도 좋은 글을 쓸 수 있지만, 여전히 많은 어린이가 글쓰기 주제만 받으면 무엇을 쓸지 모르겠다고 이야기를 해요. 학교에서는 "논설문을 쓰세요", "설명문을 쓰세요" 하지 않고, '환경 보호'나 '질서' 같은 주제만 주고 그 주제에 맞게 글을 쓰라는 경우가 많기 때문이에요. 이럴 때 생활문을 써야 하는지, 설명문을 써야 하는지, 논설문을 써야 하는지 몰라서 힘들어하는 것이죠.

이제부터는 여러분이 지금까지 공부한 것을 바탕으로 어떠한 글쓰기 주제를 줬을 때 거기에 맞추어서 글을 쓰는 방법을 알려주려고 해요. 이 방법까지 배우게 되면 여러분은 어떤 글쓰기 주제와 상황이 와도 쉽고 재미있게, 또 자신 있게 글을 쓸 수 있을 거예요.

글쓰기는 생활 속의 문제를 풀어가는 과정이에요

여러분이 학교나 집에서 쓰는 글은 대부분 어떤 글인가요? 학교에서는 독후감이나 감상문이고, 집에서는 일기나 편지 정도지요? 그리고 '과학의 달', '호국 보훈의 달', '독서의 달', '불조심의 달' 등 여러 행사에서 쓰는 주제 글쓰기 정도일 거예요. 이런 글들은 안 써 가면 꾸중을 들으니까 그러지 않기 위해, 또는 상을 타기 위해 쓰는 경우가 대부분이지요.

글쓰기는 우선 목적이 있어요. 그리고 그 목적을 이루는 방법이 있답니다. 만일 우리가 어떤 물건의 설명서를 만들려고 한다면 무엇을 먼저 생각해야 할까요? 물건의 특징, 그 물건을 사용하는 사람, 물건의 기능, 설명서의 크기, 설명서의 내용 등이 그 답이 되겠죠. 그리고 무엇보다 중요한 것은 우선 간략한 설명이어야 한다는 점이에요. 그 기능을 설명한답시고 장황한 설명을 하게 되면 오히려 더 어려워지겠죠. 이렇게 수많은 점을 고려하는 쓰기가 바로 생활 속의 문제를 풀어가는 글쓰기에요.

생각 글 써보기

● 어제 여러분의 짝꿍이 애지중지하던 햄스터가 죽고 말았습니다. 그래서 짝꿍은 크게 슬퍼하며 눈물을 흘리고 있습니다. 여러분은 고민 끝에 작은 메모지에 위로의 말을 간단히 적어 짝꿍의 책 속에 꽂아 놓기로 했습니다. 그렇다면 과연 어떤 말을 적어야 할지 생각해 봅시다.

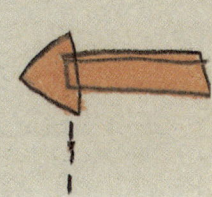

여러분들은 자신도 모르는 사이에 이 짧은 연습을 해결하기 위해 머릿속에서 매우 복잡한 과정을 겪었어요. '뭐라고 써야 할까?' 하는 고민으로 시작해서, 이것저것 써 보다가 지우고, 또 쓰고 하는 과정을 거쳤고, 작은 표현들을 고치기도 했지요. 이것들이 바로 문제를 풀어가는 과정이에요. 이처럼 글을 쓸 때는 우리가 풀어 가야 하는 과정이 있어요. 그 과정을 전체적으로 살펴보면 다음과 같아요.

우리가 글을 쓸 때는 먼저 어떤 글을 어떻게 써 갈 것인지 계획하는 일을 가장 먼저 하게 되지요. 어떤 목적으로 쓰는 글인지, 누구에게 쓸 것인지, 몇 장을 쓸 것인지 등등이 '계획하기' 과정에서 하는 일이에요.

두 번째로는 무슨 내용을 그 속에 담을지 결정을 하지요. 어제 경험한 일을 쓸 것인지, 1년 전에 경험한 것을 쓸 것인지, 그냥 느낌, 생각만 쓸 것인지 등등 자신이 전하고자 하는 생각을 어떤 내용을 통해서 전달할 것인지 생각하는 것이 '내용 생성하기' 과정이에요.

세 번째로는 '내용 조직하기'인데, 생각한 내용을 어떤 순서와 방법으로 풀어낼 것인가를 결정하게 되지요. 처음은 어떤 내용으로 시작을 하고, 가운데에서는 여러 내용을 어떤 순서로 늘어놓을 것인지, 마무리는 어떻게 할 것인지 등등 짜임새 있게 설계하는 과정이에요.

네 번째로는 이러저러한 설계를 마치고 드디어 본격적으로 글을 쓰게 돼요. 생각한 대로 계획한 대로 자연스럽게 글로 써 내려가지요. 이렇게 생각한 내용과 글의 짜임을 써 내려가는 것이 바로 '표현하기' 과정이에요.

마지막으로 자신이 쓴 글을 다시 한번 읽어 보면서 글이 잘 표현되었는지 확인해요. 앞에서 세웠던 계획대로 글이 표현되어서 자신이 전하고자 하는 중심 생각이 잘 전달되고 있는지, 문장이 자연스럽게 흘러가는지, 맞춤법이나 띄어쓰기는 정확한지 등을 점검하고 다듬지요. 이러한 것들이 글쓰기의 마지막 과정인 '고쳐 쓰기'에서 하는 일이에요.

이렇게 글을 쓰기 위해서는 짧은 시간 동안 많은 과정이 머릿속에서 일어나지요. 그래서 글쓰기를 어려워하는 어린이들이 생기게 돼요. 이런 과정을 하나하나 생각해 보고 연습해 보아야 하는데, 이런 생각과 연습 없이 주제만 주고 글을 쓰라는 경우가 많거든요. 여러분은 이 책을 통해서 글쓰기의 이런 과정을 하나하나 배우게 될 거예요. 그러면 글쓰기가 얼마나 즐겁고 쉬운 활동이고 생활 속의 문제를 쉽게 풀어가는 중요한 방법인지 알게 될 거예요.

2) 계획하기

우선, 글 쓰는 목적을 생각하세요

대부분 어린이는 글 쓰는 일을 별로 좋아하지 않는 편이에요. 우선, 생각해야 할 것이 너무 많고, 쓰는 과정이 너무 힘들 뿐 아니라 쓴 글을 읽어 보아도 그리 만족스럽지 못하기 때문이겠죠.

하지만 우리가 살아가는 동안에는 반드시 무엇인가를 써야만 하는 상황이 자주 일어나요. 예를 들어 홈페이지나 카페에 글을 올리고, 그 글을 읽고, 즐거워하고, 댓글을 올리는 일 등등 글쓰기는 피할 수 없는 일이 되고 말았어요.

글을 잘 쓰기 위해서는 우선 목적의식을 가져야 해요. 그래야만, 써야겠다는 이유와 목적이 생겨나고, 그에 따른 결과를 얻을 수 있기 때문이죠. 따라서 목적의식이 없거나 분명치 않은 글쓰기는 별다른 효과를 얻지 못하는 것이 당연해요.

친구들 글 보기

① '와글바글 떡볶이'에 오면 몸과 마음이 즐거워집니다. 영양 만점 쌀떡볶이로 어린이들의 건강까지 생각한 와글바글 떡볶이!

- 지금 '와글바글 떡볶이집'에 어린이들이 와글바글 모여들고 있습니다. 여러분의 친구들과 함께 '와글바글 떡볶이'로 오세요. 어묵과 소시지까지 들어간 맛 좋고 영양 많은 쌀 떡볶이가 여러분을 기다리고 있습니다.

※ 매주 수요일에는 쌀 떡볶이를 주문하는 모든 어린이에게 맛 좋은 '오징어 튀김'이 무료로 서비스됩니다.

② 민서야, 안녕? 몸은 괜찮니? 어제 내가 던진 공에 맞아 코피를 흘렸을 때까지만 해도 큰일 없을 거로 생각했는데, 오늘 네가 학교에 안 와서 무척이나 걱정했어. 난 어제 피구를 열심히 하다 보니까 네 얼굴을 맞히게 됐어. 별일 없을 거로 생각해서 미안하단 말도 못

했는데 네가 결석하니까 나 때문에 많이 아픈가 걱정이 되어서 온종일 공부도 안됐어. 정말 미안해. 짝꿍인데도 특별하게 잘해 주는 것도 없고 오히려 아프게만 해서... 내일은 학교 올 거지? 내일 오면 맛있는 것도 먹고 재미있는 책도 보여줄게. 내일 꼭 학교에서 보자. 안녕!

③ 선생님, 저 짝꿍 좀 바꿔 주세요. 제 짝꿍 현준이는 장난이 너무 심해요. 매일같이 저에게 혀를 내밀고 '메롱'하고 놀려요. 그리고 제가 공부를 하려고 하면 "야, 너 웬일로 공부하냐?" 하면서 공부를 못하게 방해해요. 선생님, 현준이랑 짝꿍 하는 것이 너무 힘들어요. 제발 짝꿍 좀 바꿔 주세요.

목적이 뚜렷해야
논리가 생겨나요

앞의 글을 읽으면서 '글의 목적'을 생각해 보았나요? 1번 글은 자신의 가게에 손님들을 많이 끌어모으려는 목적을 가지고 쓴 글이에요. 2번 글은 친구에게 미안한 마음을 전하려는 목적을 가지고 쓴 글이에요. 3번 글은 마음에 안 드는 짝꿍을 바꾸려는 목적을 가지고 쓴 글이에요.

만약에 1번 글을 쓴 사람이 자신의 가게에 손님이 많이 오도록 해야겠다는 뚜렷한 목적 없이 글을 썼다면 어떻게 되었을까요? 손님이 많이 모으기 위해서는 자기 가게의 장점을 잘 설명해야 하는데, 아마도 그런 부분을 제대로 강조하지 못해서 손님을 많이 모으는 데 실패했을 거예요.

2번 글을 쓴 사람이 친구에게 미안한 마음을 전하려는 뚜렷한 목적 없이 글을 썼다면 어떻게 되었을까? 아마도 아픈 친구에게 미안하다는 말을 제대로 하지 않아 편지를 받은 친구가 오히려 화를 냈을지도 모르겠어요.

3번 글을 쓴 사람이 마음에 안 드는 짝꿍을 바꾸어 달라는 뚜렷한 목적 없이 글을 썼다면 어떻게 되었을까? 짝꿍이 자신을 어떻게 괴롭히고, 그래서 자신이 어떤 피해를 받고 있는지 등을 잘 써야 담임선생님이 보시고 짝꿍을 바꾸어 주실 텐데, 목적을 뚜렷하게 생각하지 않았으면 그런 내용이 잘 드러나지 않아 선생님도 짝꿍을 바꿔주지 않을 거예요.

　이처럼 글을 쓸 때 자신이 쓰는 글에 대한 목적의식을 분명히 가지면 우리가 흔히 이야기하는 논리라는 것이 생겨납니다. 자신이 왜 글을 쓰고 있는지 그 이유를 알아야 자신의 글을 읽는 사람에게 자신이 의도하는 것, 하고 싶은 것을 차근차근 제대로 전달할 수 있어요. '이렇게 이야기해야 내 생각이 맞는다고 하겠지.'라는 생각을 하면서 글을 쓰기 때문이죠.

　이제 뭔가 좀 알 것 같나요? 글쓰기는 결국 생활의 방법 가운데 하나예요. 나의 기분을 다스리는 도구로도 사용될 수 있고, 내가 목적한 바를 이루는 데 도움이 되는 도구가 되기도 하지요.

　다른 사람에게 내 생각을 전달해서 내가 원하는 것을 얻는 일은 그리 단순하지 않으므로 적당한 계획과 실천이 없으면 아무 소용이 없는 일이겠지요. 다만 무슨 일이든 그러하지만, 내가 써

내려가는 글들은 나에 관한 진실을 담아야 한다는 사실을 새겨 두기 바래요. 내가 원하는 것을 얻기 위해서 진실이 없는 거짓 글을 써서는 안 됩니다.

내 글을 읽는 사람(독자)들이 어떤 사람들인지 생각하세요

　글에 대한 목적의식을 분명히 했다면 이제 그 글을 누가 읽게 되는지 생각해야 해요. 독자들을 생각하지 않게 되면 내가 아무리 훌륭한 목적을 가지고 글을 쓴다고 해도 독자들은 외면하게 될 테니까요.

　내 글을 읽는 이들이 누구인가는 글을 쓰는 목적이 결정된 뒤에야 알 수 있어요. 독자들은 대부분 다양한 나이(어른인가, 친구인가, 동생인가), 교육의 정도(어려운 말을 써도 이해할 수 있는 사람인가, 쉬운 말을 써야만 이해할 수 있는 사람인가), 지역(수도권에 살고 있는가, 시골에 살고 있는가), 성별(남자인가, 여자인가), 성격(어떤 성격의 사람인가, 부드러운 말투의 글을 좋아하는가, 필요한 이야기만 간략하게 하는 것을 좋아하는가) 등과 같은 여러 가지 상황들 속에 놓여있어요. 따라서 독자들이 어떤 상황에 있는지, 어떤 특징을 가지고 있는 사람인지 파악해야 해요. 독자들의 특징을 파악하면 마음을 효과적으로 움직일 방법을 찾아 글을 쓸 수 있게 돼요. 그러면 내 목적을 이룰 수 있는 글을 쓰게 되지요.

　여러분이 좋아하는 사람에게 연애 편지를 쓴다고 상상해 보세요. 글을 쓰는 목적이 무엇일까요? 자신이 좋아하는 사람에게 내가 너를 좋아하고 있다는 것을 알리고 내 사랑을 받아주기를 바라는 것이 되겠지요. 연애 편지의 이런 목적을 이루기 위해서는 자신의 편지를 받아 줄 사람이 어떤 사람인지 파악해야겠지요? 그 사람은 어떤 것에 가장 큰 관심이 있는지, 어떤 음식을 좋아하는지, 어떤 가수를 좋아하는지, 어떤 동물과 꽃을 좋아하는지 등등을 파악하면 그 사람이 좋아하는 것에 대한 내용을 편지로 써서 마음에 들려고 하겠지요.

　여러분이 이런 편지를 받았다고 상상해 보세요. 자신이 좋아하는 것에 대해서 잘 알고 있는 사람에 대한 미운 마음이 들까요? '참 좋은 사람이구나.' 하는 생각이 들 수밖에 없겠지요. 이렇게 내가 쓴 글을 읽는 이가 어떤 사람인지 생각해서 글을 쓴다면 더욱더 좋은 글을 쓸 수 있게 돼요. 내가 글을 쓰는 목적을 이루기 위해서 읽는 이에 대한 정보가 꼭 필요한 것이지요.

　그렇다면 이제 다음을 살펴보세요. 만일 다음과 같은 경우라면 우리는 어떤 사람들이 그 글을 읽게 되리라 생각할 수 있을까요?
그리고 그 글의 내용은 어떻게 결정해야 할까요?

생각 글 써보기

- 우리 학교에 축구 동아리를 만들어 보고 싶습니다. 축구동아리의 회원을 모집하려면 어떤 사람들을 대상으로 한 모집 공고를 내야 할까요?

- 우리 반 문집에 '친구'라는 제목으로 글을 쓰게 되었습니다. 어떻게 써야 할까요?

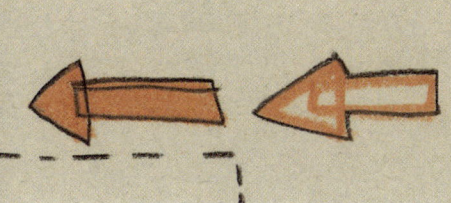

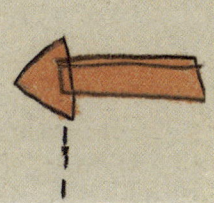

3) 내용 생성하기

가장 중요하게 하고 싶은 이야기가 무엇인가요?

　우리는 계획하기를 통해서 글쓰기 전에 생각해야 하는 것들을 살펴보았어요. 그렇다면 이제 보다 구체적인 것들을 살펴볼 차례에요. 글을 왜 쓰는지, 이 글을 통해서 어떤 목적을 이루려고 하는지, 이 글을 읽는 이는 어떤 특징을 가진 사람인지 파악을 하여 글쓰기의 계획을 세웠다면 그 계획을 이루기 위해 어떤 일을 해야 할까요?

　첫 번째로 해야 하는 일은 주제를 정하는 일이에요. 주제는 이 글을 통해서 자신이 가장 중요하게 이야기하고 싶은 내용이에요. 다른 것은 다 빼먹는다고 해도 이것만큼은 꼭 써야 하는 내용이 바로 주제라고 할 수 있어요. 물론 글쓰기를 시작하면서 정하는 주제는 완벽한 것은 아니에요. 글을 쓰다가 바뀔 수도 있거든요.

　어쨌든 주제를 결정해 놓아야만 그 후의 일들이 가능해진답니다. 우리가 앞에서 학급 문집에 '친구'라는 제목으로 글을 써야만 했던 경우를 다시 한번 떠올려 보세요. '친구'라는 제목으로 우리는 무슨 이야기를 할 수 있을까요? '친구의 소중함', '우정이란', '바람직한 친구 관계', '평생 친구를 만들려면…' 이렇게 수많은 이야깃거리 중에서 자신이 꼭 이야기하고 싶은 내용 하나를 선택해서 글을 쓰게 되는데, 그것이 바로 주제입니다. 우리가 주제를 정할 때는 그 주제가 어느 정도 구체적인 모습을 지니고, 주제 안에 자신의 의도가 명확히 담길 수 있도록 해야 해요. 이러한 것들은 우리가 좀 더 연습하면서 살펴보기로 하지요.

다음과 같은 상황에서 우리가 글을 쓸 때 그 주제를 어떻게 정해야 할지 생각해 봅시다.

생각 글 써보기

주제를 찾아보세요

● 정민이의 어머니는 요즘 들어 무뚝뚝해지고 퉁명스러워진 정민이가 걱정됩니다. 어느 날 갑자기 말도 없어지고 집에 들어오면 자기 방에 틀어박혀 책만 읽습니다. 초등학생 때는 친구들이랑 재미있게 뛰어놀면서 우정을 쌓아야 한다고 생각하는 어머니는 항상 혼자서 책만 읽는 정민이가 걱정스럽습니다. 저러다 왕따라도 당하면 어쩌나 항상 걱정입니다. 어머니는 나가서 친구들이랑 놀라고 부드럽게 이야기해도 듣지 않는 정민이를 보면 화가 나기도 하지만 야단을 치기보다는 편지를 쓰기로 마음먹었습니다.

쓸거리들을 모아 봅시다

　무엇을 쓸 것인가를 정했다면 이제 그것을 이야기하는 데 필요한 자료를 모아야 할 차례예요. 그것을 우리는 보통 자료의 수집과 정리라고 부릅니다. 자료의 수집은 사실 그리 쉬운 일이 아니에요. 열심히 모아 놓기는 했지만 실제 글로 표현하는 과정에서 불필요한 것이 될 수도 있고, 오히려 글을 방해하는 내용이 될 수도 있거든요. 따라서 모아 놓은 자료들을 분류하고 필요한 것들만 골라내는 과정이 필요해요. 바로 자료의 정리입니다.

　자료를 수집하고 정리하는 방법은 여러 가지가 있지만 우리는 크게 두 가지 방법을 생각해 보기로 해요. 그 두 가지를 '비공식적인 글쓰기에서의 자료의 수집과 정리', '공식적인 글쓰기에서의 자료의 수집과 정리'로 나누어 볼게요. 하지만 그렇다고 해서 두 가지를 완전히 서로 다른 것으로 생각하면 안 돼요. 상황에 따라 그 두 가지는 함께 사용되거나 상대의 방법을 서로 활용하기도 하거든요.

비공식적인 글쓰기에서의 자료 수집과 정리

　우리가 여기에서 이야기할 '비공식적인 글' 혹은 '공식적인 글'이란 다른 사람에게 보여 주느냐 그렇지 않으냐의 문제가 아니라는 것을 먼저 이야기해야 할 것 같네요. 비공식적인 글이란 공식적인 글에 비해 상대적으로 논리성을 많이 요구하지는 않는 글들을 말해요. 물론 그 기준을 정확하게 이야기할 수는 없지만 보통 문학적이고 사적인 글들을 이야기하지요. 쉽게 말해서 구체적인 증거 자료나 논거보다는 추상적이고 감성적인 문제들을 다루는 글들을 말해요. 시, 동화, 생활문, 편지, 일기, 감상문 등의 글들이 여기에 속하지요.

　비공식적인 글쓰기에 있어 자료를 수집하기 위해서 우리는 주로 '연상하기'라는 방법을 많이 사용해요. 그 연상하기란 무작정 연상하는 것이 아니라 정해진 주제를 벗어나지 않는 범위 내에서의 연상을 말해요. 연상을 통해서 무엇을 소재로 하여 글을 쓸 것인지 생각해 보는 것이죠.

앞에서는 '할아버지'라는 어휘를 가지고 연상되는 여러 가지 내용을 보여 주고 있어요. 인생 경험이 풍부한 분이다, 우리 집의 조상이다, 주름살이 많은 분이다, 족보와 관련 있다, 연세는 많이 드셨지만 아직도 힘이 세다, 친절하게 우리가 모르는 것을 설명해 주시기 때문에 자상하다 등등 '할아버지'라는 말을 머릿속에 떠올리니 많은 생각이 쏟아져 나오네요.

이렇게 하나의 낱말에 대한 연상은 우리가 글 쓸거리를 정하는 데 있어 매우 중요한 역할을 해요. 떠오른 생각 하나하나가 모두 글 쓸거리가 될 수 있기 때문이에요. 이렇게 떠오른 여러 가지 생각 가운데 자신이 가장 이야기하고 싶은 한 가지를 골라내거나, 이야기하고자 하는 목적과 읽는 이를 생각했을 때 가장 적합한 한 가지를 골라내면 그것이 지금 자신이 쓰고자 하는 글의 쓸거리가 되지요.

브레인스토밍

'연상하기'에 대하여 알게 되었다면 이제 좀 더 복잡한 연상을 해 보도록 하지요. 그 과정을 '브레인스토밍(Brainstorming)'이라고 해요. 브레인스토밍의 의미는 뭘까요? 머릿속의 폭풍? 브레인스토밍은 자유 발상법 중 하나에요. 보통 기업체에서 새로운 아이디어가 필요할 때 직원들이 자유롭고 창의적인 생각을 낼 수 있도록 사용하는 방법이에요. 글쓰기에서는 우리가 어떤 것에 대하여 연상을 할 때 머릿속에서 떠오르는 모든 것들을 기록하는 것이지요.

중요한 것은 '머릿속에서 떠오르는 모든 것'이라는 점이에요. 잘 이해가 안 된다면 다음의 예를 보세요.

'뭐라고 설명해야 하나…. 브레인스토밍은 머릿속의 폭풍입니다…. 아무거나 머릿속에 떠오르는 대로 쓰는 것이지요…. 아냐, 무작정 쓰면 안되지…. 그럼 뭘 써야 할까? 음….자신이 생각하고 있는 그것과 관련이 있는 것을…. 연상 기법 중 하나입니다. 녹음도 할 수 있고 기록도 할 수 있는 방법입니다…. 되는 대로 많이 적는 것이 맞다! 전화 걸어야 하는데….음…. 브레인스토밍…. 브레인스토밍…. 뭐라고 해야 할까 그래, 생각하고 있는 것을 모두 적어 봅시다…. 음… 그리고…

앞에서 쓴 글을 보면 브레인스토밍을 어떻게 설명할까 생각하는 과정이 그대로 표현되어 있지요? 위 예문의 '…' 부분은 생각과 생각 사이의 시간을 의미합니다. 그 시간은 모두 1초 이내의 매우 짧은 시간이죠.

이렇게 주제나 낱말에 대해서 생각할 때 머릿속에서 일어나는 모든 생각을 그대로 적는 방법이 바로 브레인스토밍이에요.

생각보다는 쉽죠? 자! 그럼 우리가 브레인스토밍할 때 주의해야 할 점을 알아보고 연습해 보도록 합시다.

브레인스토밍할 때의 주의사항

1. 무엇이든 쓴다.
2. 맞춤법은 생각하지 말자.
3. 완벽한 문장은 필요 없다.
4. 절대로 고치지 말아야 한다.

5. 되도록 많은 내용을 쓴다.

6. 다만 주제에 초점을 두려고 애쓴다.

공식적인 글쓰기에서의 자료 수집과 정리

　우리가 공식적인 글(논설문, 연설문, 보고문 등)을 쓸 때는 매우 조심해야 해요. 공식적인 글은 언제나 논리적이고 설득력이 있어야 하기 때문이에요. 따라서 그 글의 자료 및 내용 역시 논리적으로 타당하다고 인정받은 것들만 쓸 수 있어요. 그러므로 더욱 신중하게 적합하고 타당한 자료들을 수집해야 해요.

　먼저 어린이들이 좋아하는 간식에 대해 보고서를 작성한다고 가정해 볼까요? 이 과제를 해결하기 위해서는 먼저 주제를 정해야 해요. 어린이들이 좋아하는 간식이 무엇인지 밝혀내는 것을 주제로 할 것인지, 간식의 문제점을 찾아 비판하는 것을 주제로 할 것인지, 어린이들이 특정한 간식을 좋아하는 이유를 밝히는 것을 주제로 할 것인지 등등 여러 가지 주제 가운데 한 가지를 정해야겠지요.

　여기에서는 어린이들이 좋아하는 간식이 무엇인지, 그 간식을 좋아하는 이유를 밝혀내는 것을 주제로 정했다고 생각해 볼게요. 이 주제로 글을 쓰려면 일단 어린이들이 가장 좋아하는 간식이 무엇인지 알아야겠지요. 그럼, 어떻게 해야 할까요? 인터넷으로 검색하거나 아니면 자신의 반 친구들, 또는 자신이 다니는 학교의 학생들을 대상으로 설문 조사를 해야겠지요. 어린이들이 가장 좋아하는 간식이 무엇인지도 모르면서 이런 주제의 글을 쓰는 것은 처음부터 불가능한 일이니까요.

만약 어린이가 가장 좋아하는 간식이 무엇인지 조사도 안 하고 자신의 예상을 가지고 글을 썼다고 상상해 보세요. '내가 피자를 가장 좋아하니까 다른 어린이들도 피자를 가장 좋아할 거야.' 하고 생각해서 '어린이들이 가장 좋아하는 간식은 피자이고, 그 이유는 빵과 토핑이 어우러져 다양한 맛을 내기 때문이다.'라는 분석이 담긴 보고문을 썼어요. 발표를 마치자 한 어린이가 손을 들고 이렇게 질문합니다. "예, 잘 들었습니다. 그런데 어린이들이 가장 좋아하는 간식 2위와 3위에는 어떤 간식이 올라왔습니까? 1위, 2위, 3위는 몇 퍼센트의 차이가 있나요? 2위가 1위보다 어린이들의 입맛을 잡지 못한 이유는 무엇입니까?"

자, 자료를 꼼꼼하게 수집하지 않고 대충 자신의 상상대로 조사한 어린이가 이 질문에 답을 할 수 있을까요? 당연히 할 수 없을 거예요. 답을 못하면 많은 사람 앞에서 자신이 쓴 글이 믿을 수 없는 것으로 생각하여 창피만 당하겠죠.

　이렇듯 공식적인 글들은 매우 치밀하게 준비해야 합니다. 그렇지 않으면, 읽는 이들에게 우리가 이야기하는 여러 가지 내용이 비판받기에 십상이죠.

4) 내용 조직하기

좋은 내용들을 골라 보세요

앞에서 우리는 '브레인스토밍'이라는 것을 했어요. 내가 써야 할 주제와 관련된 내용을 모두 생각해 보는 일이었지요. 이제는 브레인스토밍의 결과 중에서 필요한 것만 골라보는 일을 해 보지요.

우리가 브레인스토밍한 후에 결과를 살펴보면 정작 필요한 내용은 별로 없는 경우도 생기게 돼요. 하지만 그렇다고 해서 실망할 필요는 없어요. 글쓰기 과정에서 각 과정을 명확히 구분하고 서로 다른 것으로 이해하는 것은 너무 단순한 생각이겠지요. 앞에서 이야기했듯이 계획하기, 내용 생성하기, 내용 조직하기, 표현하기, 고쳐 쓰기의 각 과정은 다시 전 단계의 과정으로 되돌아가 수정할 수도 있어요. 브레인스토밍 과정에서 별 성과가 없었다 하더라도 내용을 조직하는 단계에서 다시 브레인스토밍을 추가할 수 있지요.

이번에는 순서를 정해보세요

이제는 위에서 찾아낸 쓸거리들의 순서와 위계를 정해 보도록 하죠. 순서란 어떤 것을 먼저 쓰고 어떤 것을 나중에 쓸 것인지 정하는 일이며, 위계란 어떤 것이 보다 상위 개념이고 어떤 것이 하위 개념인지를 구분하는 것이에요. 순서와 위계를 정하게 되면 앞으로 내 글이 어떤 형태를 지니게 될 것인지 알 수 있게 되지요. 이 일은 여러분들에게 이미 익숙한 개요 짜기와 매우 비슷하답니다.

① **브레인스토밍은 머릿속의 폭풍입니다**
→ 자신이 생각하고 있는 것과 관련된 모든 것을 적어요.
→ 아무거나 머릿속에 떠오르는 것을 쓰는 것이지요.
→ 연상기법 중 하나입니다.

② **녹음도 할 수 있고 기록도 하는 방법입니다**
→ 되는대로 많이 적는 것입니다.

③ **생각하고 있는 것을 모두 적어 봅시다**

위 내용은 브레인스토밍한 것의 순서와 위계를 정해 본 것이에요. 골라낸 것들을 살펴보면, 브레인스토밍의 개념①과 방법② 그리고 학생들에게 권유③ 하는 내용이에요. ①, ②, ③,의 숫자는 순서를 나타내고 '→'는 숫자로 표기된 내용 속에 포함되는 것들, 즉 하위 단계를 나타낸 것이에요. 물론 상황이나 목적에 따라서 그 순서는 바뀔 수 있어요.

'생각 나무'를 그려봅시다

순서와 위계를 정하는 일도 사실 그리 쉽지는 않아요. 어떤 내용이 더 상위 또는 하위의 내용인지를 판별하는 것이 꽤 혼란스럽기 때문이죠. 그러한 위계를 더욱더 쉽게 하는 방법은 그것을 '생각 나무'로 표현해 보는 거예요. '생각 나무'란 여러 항목을 마치 나무줄기와 뿌리가 점차 여러 가지로 뻗어 나가는 모습의 그림을 의미한답니다. 다음의 예를 보세요.

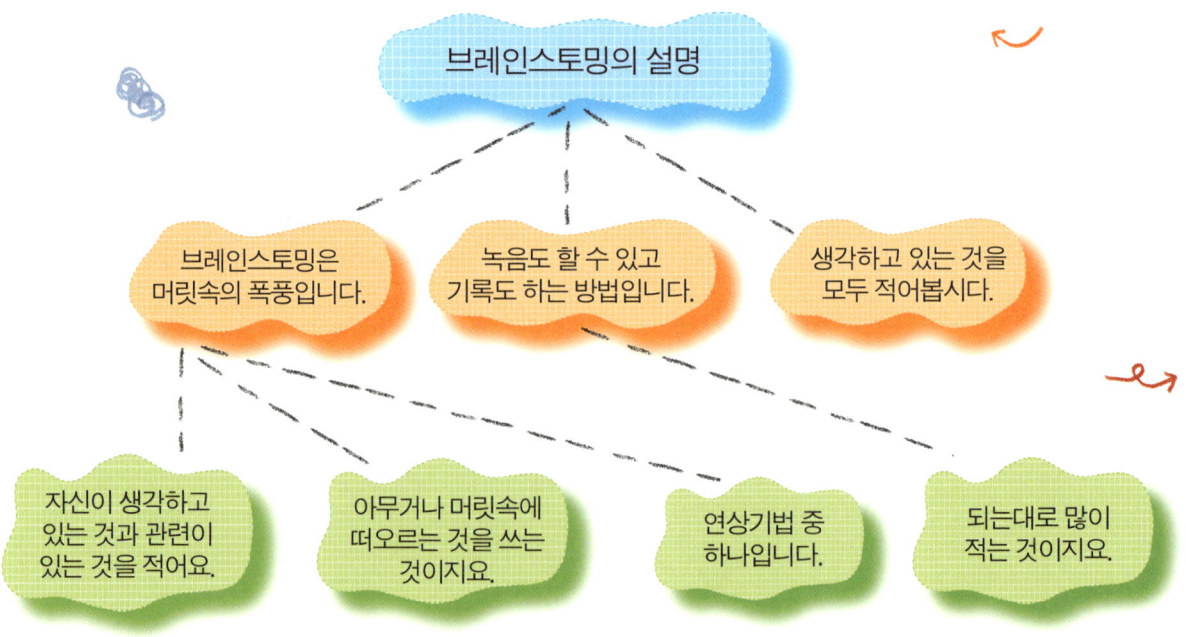

어디서 많이 본 모습이죠? 생각 나무를 통해서 우리는 그 순서와 위계를 더 명확히 파악할 수 있어요. 게다가 생각 나무를 만들다 보면 내가 빠뜨렸던 내용이 무엇인지도 알 수 있답니다. 예를 들면 위의 내용에서 브레인스토밍할 때의 유의점 (① 무엇이든지 쓴다, ② 맞춤법은 생각하지 말자. ③ 완벽한 문장은 필요 없다. ④ 절대로 고치지 말아야 한다. ⑤ 되도록 많은 내용을 쓴다. ⑥ 다만 주제에 초점을 두려고 애쓴다.)을 빠뜨렸다는 사실을 깨달았지요. 그렇다면 그 유의점들을 추가시켜야겠지요. 다음과 같이 말이에요.

브레인스토밍의 설명

- 브레인스토밍은 머릿속의 폭풍입니다.
- 녹음도 할 수 있고 기록도 하는 방법입니다.
- 생각하고 있는 것을 모두 적어봅시다.

브레인스토밍은 머릿속의 폭풍입니다.

- 자신이 생각하고 있는 것과 관련이 있는 것을 적어요.
- 아무거나 머릿속에 떠오르는 것을 쓰는 것이지요.
- 연상기법 중 하나입니다.
- 되는대로 많이 적는 것이지요.

브레인스토밍의 유의점

- 무엇이든지 쓴다.
- 맞춤법은 생각하지 말자.
- 완벽한 문장은 필요 없다.
- 절대로 고치지 말아야 한다.
- 되도록 많은 내용을 쓴다.
- 다만 주제에 초점을 두려고 애쓴다.

개요를 짜세요

　이제는 내용 조직하기의 마지막 단계인 '개요 짜기'를 해 보도록 하지요. 이미 개요 짜기에 대해서는 여러분도 부분적으로는 이해했을 거예요. '생각 나무 그리기'를 거치고 난 뒤라면 그 내용을 실제 글로 표현하기 위한 준비 작업인 개요 짜기를 할 수 있어요. 개요 짜기에 대한 것은 다음의 예를 통해 배워보도록 하지요.

① 계획하기

　예를 들어 볼 주제는 '지구의 환경오염'에 관한 것입니다. 그 주제를 가지고 계획하기의 과정을 다음과 같이 거쳤습니다.

　● 쓸거리 : 글쓰기 주제가 '지구의 환경오염'이다. 재미있고 쉽게 전달하기 위해 지구의 환경오염을 다룬 영화 '투모로우'를 중심으로 이야기해야겠다.

　● 목적 : 지구의 환경오염이 사람들의 삶에 얼마나 위험한 일인지를 알리고, 지구의 환경오염을 막기 위해 초등학생인 우리

가 할 방법을 알아본다.
- 대상 : 초등학생 이상이면 누구나 읽고 이해할 수 있게
- 방법 : 주장하는 글

② 내용 생성하기 – 브레인스토밍

이번 글쓰기 주제가 '지구의 환경오염'이라…. 지구의 환경이 얼마나 오염되었는지, 지구가 오염되어서 어떤 문제를 일으키고 있으니까 우리가 어떻게 해야 한다는 식의 글쓰기가 되어야겠네.

그런데 이런 흐름은 좀 흔하단 말이야. 흔한 흐름으로 글을 쓰면 읽는 이가 그렇게 집중해서 읽거나 인상 깊게 느끼지 않을 텐데…. 뭔가 새로운 방법이 없을까? 읽는 이들이 재미있게 집중하면서 쉽게 이해할 수 있는 그런 내용을 쓰려면 어떻게 해야 할까…. 어린이들이 재미있게 읽으면서 쉽게 이해하게 하려면 어린이들이 좋아하는 게임이나 책, 영화, 노래 같은 것과 연결해 글을 쓰면 될 것 같은데….

지구의 환경오염 문제를 다룬 게임이 있나? 없는 것 같아. 그러면 영화는…. 아 있다. 학교에서 보았던 '투모로우' 참 재미있게 보면서 지구의 환경오염 문제를 잘 다룬 좋은 영화라고 생각했는데….

그래, 이 영화 이야기를 하면서 지구의 환경이 오염되면 어떤 문제가 있어 날 수 있는지, 오염을 막기 위해 우리가 무엇을 실천해야 하는 지에 관한 이야기를 풀어나가면 되겠다. 영화 이야기니까 어린이들이 재미있게 읽으면서 쉽게 이해할 수 있을 거야.

③ 내용 조직하기 ❶ - 글감(좋은 내용) 고르기

- 주된 글감 → '지구 환경 오염'의 위험성
  　　　　　→ '지구 환경 오염'을 막기 위해 우리가 해야 할 일
- 도와주는 글감 → 영화 '투모로우' 이야기

④ 내용 조직하기 ❷ - 생각 나무 그리기

- '지구의 환경오염'을 막자
  - '지구의 환경오염'이 가져오는 위험들
    - 영화 '투모로우' 이야기
      - 바다의 수온이 올라가 생기는 이야기를 다룬 영화
      - 상상의 이야기가 아닌 현실의 문제
    - 환경오염의 위험
      - 생태계 파괴, 오존층 파괴, 극지방의 빙하가 녹는 문제 발생
      - 결국 인간은 지구에서 멸망한다.
  - '지구의 환경 오염'을 막기 위해 우리가 할 수 있는 일들
    - 실천사항
      - 수질오염 방지 - 합성세제의 사용 줄이기
      - 대기오염 방지 - 프레온가스, 자동차 배기가스
    - 마무리 및 주장
      - '지구환경 오염'을 줄이는 실천을 통해 우리가 지구를 살려야 한다.

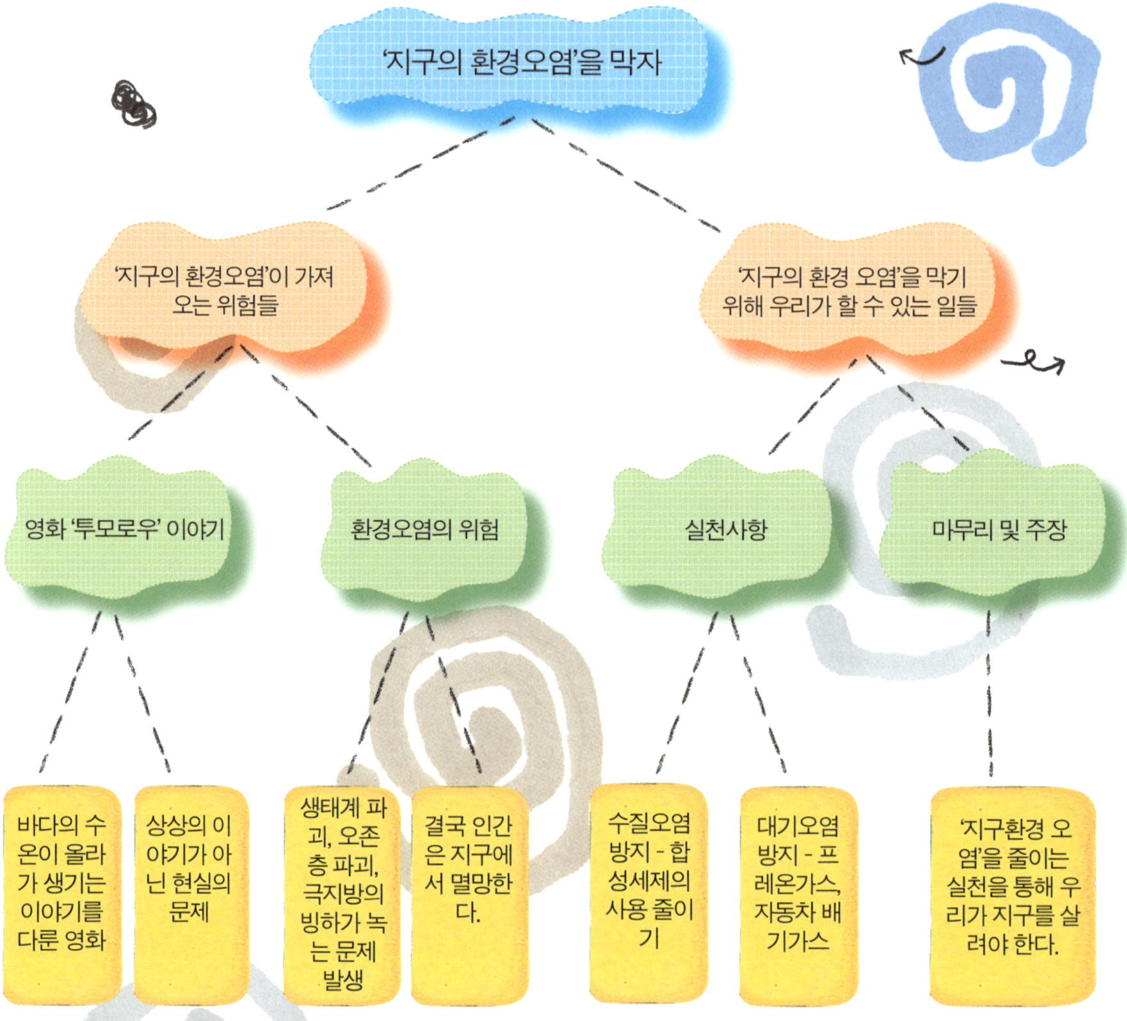

⑤ 내용 조직하기 ❸ - 개요 짜기

㉠ 서론

최근 '지구 환경오염'으로 인한 문제가 곳곳에서 발생하고 있습니다.

→ 이런 문제를 잘 보여 주고 있는 것이 영화 '투모로우'이다.
→ 이 영화는 지구의 오염으로 극지방의 빙하가 녹고, 지구에 매우 추운 빙하기가 온다는 내용이다.

㉡ 본론

영화 '투모로우'가 상상의 세계로 끝나지 않고 현실화하고 있다.

→ 작년 유럽의 살인 더위 등이 지구의 환경오염과 관련 있다. 지구의 환경오염을 막기 위해서는 지구의 환경을 지키기 위한 노력이 필요하다.
→ 수질오염을 줄이기 위해 합성 세제의 사용을 줄여야 한다.
→ 대기오염을 줄이기 위해 프레온 가스와 자동차 배기가스를 줄여야 한다.

ⓒ 결론

'지구 환경오염'으로 생기는 문제는 영화 속 상상의 이야기가 아니라 지금 우리의 생명을 위협하고 있는 심각한 문제이다. 지구를 살리는 방법의 실천만이 지구와 우리의 생명을 지키는 길이다.

5) 표현하기

읽기 좋고, 쓰기 좋은 간결체 문장으로 쓰세요

사람은 적당한 길이와 시간에 흥미를 느낀다는 결과가 있어요. 아무리 세련되고 잘 쓴 글이라도 한 문장 한 문장이 너무 길면 읽는 이가 글의 내용을 제대로 파악하지 못하게 되고, 또 흥미를 잃게 되지요. 가독성(글을 쉽게 읽을 수 있도록 만드는 성질)이 높은 글을 쓰기 위한 비결 중 첫 번째는 간결한 문장(간결체)으로 글을 쓰는 것이에요. 한 문장 한 문장이 짧고 간단해야, 글을 읽으면서 글쓴이가 무엇을 말하려고 했는지 금방 이해할 수 있지요. 문장이 길어지면, 가독성을 잃을 뿐만 아니라 문장 자체가 복잡해져서 글쓰기 자체가 점점 어려워지게 돼요. 반면에 간결한 문장을 구사하게 되면, 글을 빠르게 쓰게 될 뿐만 아니라 이해도가 높은 문장을 구사할 수 있게 되지요.

쉬운 낱말과 문장으로 쓰세요

어렵게 쓴 글을 잘 쓴 글로 생각하는 어린이들이 많아요. 하지만 잘 쓴 글은 쉬운 낱말로 쉽게 글을 풀어가면서도 글쓴이가 알리려고 하는 바를 제대로 전달한 글이에요.

어른들이 매일 대하는 신문은 읽는 이의 이해 능력을 중학교 2학년 수준으로 놓고, 그들이 이해할 수 있는 수준으로 글을 써요. 방송의 경우는 신문보다 많이 낮춰 초등학교 4~5학년 수준으로 잡아요. 방송은 글자와 달리 말하는 순간 사라지기 때문이에요. 즉 듣는 것으로 이해해야 하므로 쉬운 낱말과 문장이 적합하다는 것이지요. 낱말과 문장을 쉽게 쓰려면 되도록 어려운 한자어는 쓰지 말아야 해요. 학교(學校)나 식당과(食堂) 같이 이미 우리나라 말처럼 일상에서 사용하는 낱말은 제외되요. 사전을 찾아봐야 그 뜻을 알 수 있는, 또 자주 사용하지 않는 한자어를 사용하면 어려운 문장이 되고 말아요. 우리나라 말로 바꿀 수 있다면 그렇게 하는 것이 좋아요.

글을 쓰다가 자신은 알고 있지만 읽는 이들이 이해하기 어려울 것 같은 낱말이 나온다면 별도로 설명해 주는 친절함이 필요해요. 그 낱말이 처음 등장하는 부분에 설명하는 것이 좋지요. 문장을 쉽게 풀어나가려면 내용을 건너뛰어서도 안 돼요. 많은 어린이가 중간 내용을 설명하지 않고 건너뛰는 실수를 저질러 읽는 이로 하여금 왜 갑자기 이 말이 나왔지? 하는 궁금함을 갖게 할거든요. 내용을 건너뛰지 말라고 해서 행동이나 생각 하나하나를 일일이 설명하라는 의미는 아니에요. 이해할 수 없는 건너뛰기를 하지 말아야 한다는 뜻이에요.

'힙합은 보는 것보다 동작이 크고 격렬한 춤이에요. 골반을 좌우로 흔들고 회전을 하다 보면 금방 온몸의 근육이 뻐근해져요.'

우리말로 쓸 수 있는 낱말을 한자어로 쓰면 글을 어렵게, 문장을 부자연스럽게 만들어요. 위의 문장 가운데 골반은 '엉덩이'로 고치는 게 좋아요. '회전하다 보면'도 '돌리다 보면'으로 고칠 필요가 있어요. 지금까지 생각해 본 것 말고도 생각을 글로 잘 표현하는 방법은 여러 가지가 있어요. 하지만 초등학교 시절에는 지금까지 알려 준 내용만 잘 활용해도 여러분 머릿속의 생각을 글로 능숙하게 표현할 수 있을 거예요. 이제는 글을 쓰면서 여러분의 주의해야 하는 몇 가지 사항을 알려 줄게요. 주의 사항을 잘 살펴서 여러분의 삶과 생각을 마음껏 글로 펼쳐보세요.

진실한
글쓰기를 하세요

 지금까지의 글쓰기를 통해서 글을 잘 쓸 수 있게 된 사람이 쉽게 빠지는 유혹이 있어요. 그것은 글을 좀 더 잘 써 보이게 하려고 거짓된 내용을 집어넣으려고 하는 것이에요. 거짓말도 자꾸 하다 보면 얼굴색 하나 안 변하고 사람들을 속이는 것처럼, 글을 쓸 때도 거짓된 내용을 쓰기 시작하면 점점 더 큰 거짓을 쓰게 되지요.

 하지만 거짓된 내용은 결국 들통나게 마련이에요. 글은 글쓴이의 평소 생활과 생각을 드러내는 것인데, 글쓴이의 평소 생활과 다른 내용의 글이 쓰여 있다면 주변 사람들이 당장 거짓된 글임을 알아차려 창피를 당하게 될 거예요.

 글쓰기는 기본적으로 평상시 자신의 생활과 생각을 표현하는 것이므로 거짓말을 하려는 마음이나 누군가를 속이려는 마음이 담겨 있다면 좋은 글쓰기를 할 수 없어요. 우리는 글을 통해서 글 쓴 사람의 사람됨을 간접적으로 알 수 있어요. 자칫 진실하지 못한 내용이나 표현은 오히려 자신에 대해 다른 사람들이 좋지 않은 생각을 갖도록 해요. 글쓰기는 단순한 기술이 아니라 자신의 삶과 생각을 보여주는 것이기 때문에 평상시에 자신의 삶과 생각을 잘 다듬고 가꾸는 사람이 좋은 글을 쓸 수 있다는 사실을 꼭 기억해야 해요.

써야 할 내용에 대해 충분히 파악하고 있어야 해요

　글을 잘 쓰기 위해서는 결국 많은 배경지식이 필요해요. 다양한 분야에 걸쳐 관심을 가지고 그것을 계속 배워나가야만 글을 쓰는 데 도움이 되지요. 배경지식을 기르기 위해서는 독서는 물론이고, 좋은 음악, 좋은 영화, 좋은 방송 프로그램, 좋은 여행도 필요해요. 우리가 글을 쓰면서 생각해야 할 일들은 이처럼 많답니다. 따라서 하루아침에 해결할 수 있는 문제가 아니에요. 꾸준한 노력과 관심이 필요하지요.

　그렇다고 해서 너무 겁먹을 필요는 없어요. 위에서 이야기했던 모든 내용은 여러분의 머릿속에서 매우 짧은 시간 동안 해결이 되니까요. 여러분이 의도하지 않았던 과정들이 그 속에 포함될 수도 있고, 여러분들이 생각하지 못하는 사이에 이루어질 수도 있으니까요.

　그리고 우리가 모두 훌륭한 문학가, 문장가가 될 필요는 없으므로 글을 잘 써야 한다는 부담을 가질 필요는 없어요. 글을 잘 써야 한다는 부담은 오히려 우리의 글쓰기를 방해할 뿐이에요. 여러분 마음속에 떠오른 느낌과 생각을 그대로 글로 쓴다는 글쓰기의 기본자세를 꼭 잊지 말고 실천하세요.

간단하면서도 정확하게 전달되도록 글을 쓰세요

지나치게 불필요한 내용, 반복되는 내용을 쓰면 글이 혼란스러워져요. 글을 너무 길게 쓰는 것도 읽는 이를 지치게 하지요. 따라서 간단하고 명료하게 자신이 전하고자 하는 내용을 써야 해요. 또 읽는 이들이 충분히 예상해서 이해할 만한 내용은 쓰지 않는 것이 글을 더욱더 좋게 만들어요.

도움닫기

표현력을 좋게 하려면

1. 짧은 문장 위주로 글을 쓰세요

 글에는 짧은 문장과 긴 문장이 있어요. 짧은 문장을 중심으로 글을 쓰면 자연히 간결한 문장을 사용하게 돼요. 평균 문장 길이가 40~50자를 넘기지 말아야 간결한 문장이에요. 미국의 일부 신문사에서는 기사의 평균 문장 길이를 20자가 넘지 않도록 요구하고 있고, 일본에서도 보통 40~50자를 적절한 문장 길이로 보고 있어요. 한글 문장도 40~50자 정도를 넘지 않아야 간결한 문장으로 볼 수 있어요.

 아래 문장이 짧은 문장인지 긴 문장인지 확인해 보세요.

 우리 어머니는 얼마 전까지 회사에 다니다가 건강이 나빠져서 회사를 그만둔 뒤 약 2개월간 쉬면서 과연 내가 무엇을 할 것인가? 에 대해 많은 생각을 하셨다고 한다.

앞의 문장은 긴 문장으로 이루어진 만연체 문장이에요. 이 문장은 몇 개의 짧은 문장으로 나누어서 쓰는 것이 독자가 읽기에, 그리고 쓰는 사람에게도 훨씬 편해요. 위 문장을 간결한 문장으로 옮겨볼게요.

우리 어머니는 얼마 전까지 회사에 다니다가 건강이 나빠져서 회사를 그만두셨다. 그 후 약 2개월간 쉬셨다. '쉬시는 동안 과연 내가 무엇을 해야 할 것인가?'에 대해 많은 생각을 하셨다고 한다.

한 문장으로 길게 쓰였던 문장을 세 개의 짧은 문장으로 나누어 보았어요. 처음에 긴 문장을 읽었을 때와 그 문장을 세 개로 나누어 쓴 문장을 읽었을 때를 비교해 보니 어떤가요? 길게 한 문장으로 쓴 것보다 짧게 세 문장으로 쓴 것을 읽을 때 글의 내용이 더 쉽게 이해되지요? 글을 쓸 때는 짧은 문장을 중심으로 여러분의 생각을 표현해 보세요. 쉽고 편하게 여러분의 생각을 펼칠 수 있을 거예요.

2. 한 문장에서는 한 가지 사실만 알려 주세요

대부분 사람은 한 문장에 모든 것을 넣으려고 하는 경향이 있어요. 그렇게 되면 자연적으로 문장이 길어져요. 그뿐만 아니라 앞의 말과 뒤의 말이 연결이 안 되는 꼬인 문장이 되기 쉬워요.

㉠ 지금 내 옆에는 올해 초부터 매월 사서보고 있는 어린이 교양 만화 월간지 '고래가 그랬어' 잡지들이 쌓여 있고 초등학교 1학년 때부터 학원이라는 지옥에서 약간의 여유를 갖게 해 준 내가 본 동화책 10여 권이 놓여 있다.

㉡ 실과 시간에 연못을 만들기 위해 정말 많은 고생을 했다. 벽돌을 쌓기 위해 1층에서부터 그 무거운 벽돌을 끙끙대며 짊어지고 올라오기를 수십 차례 거듭하고, 또 물을 채워 넣기 위해 양동이에 물을 가득 담아 몇 번이나 6층과 8층을 왔다 갔다 하고, 다 만들었는데 연못에서 물이 새는 바람에 다시 처음부터 시작하게 되어 학원에 가야 한다는 친구들을 다시 불러 모아야 하는 미안한 일들도 있었고. 실과 시간에 연못을 또다시 만든다고 하면 정말 고개를 절

레절레 흔들 것이다.

㉠, ㉡ 모두 한꺼번에 모든 이야기를 하려다 보니 간결하지 않은 글이 쓰였어요. 짧은 문장으로 다시 구성해 볼까요?

㉠ 지금 내 옆에는 어린이 교양 만화 월간지 '고래가 그랬어'와 동화책 10권이 놓여 있다.
'고래가 그랬어'는 올해 초부터 매월 사서 보고 있다. 동화책은 초등학교 1학년 때부터 직접 읽은 것들이다. 나는 그때 동화책을 읽으면서 학원이라는 지옥에서 약간의 여유를 가질 수 있었다.

㉡ 실과 시간에 연못을 만들기 위해 많은 고생을 했다. 벽돌을 쌓기 위해 1층에서부터 그 무거운 벽돌을 끙끙대며 짊어지고 올라오기를 수십 차례. 물을 채워 넣기 위해 양동이에 물을 가득 담아 몇 번씩 6층과 8층을 왔다 갔다 했다. 어디 그뿐인가? 다 만들었는데 연못에서 물이 새는 바람에 다시 처음부터 시작해야만 했고, 그래서 집에 가고 있던 친구들을 다시 불러 모으는 미안한 짓도 저질렀

다. 또다시 연못을 만들자고 하면 정말 고개를 절레절레 흔들 것이다.

 지금까지 간결한 문장을 강조했다고 해서 무조건 짧은 문장이 좋다고만 말할 수는 없어요. 글의 성격이나 분위기에 따라서는 긴 문장이 글에 적합할 수도 있어요.
 예를 들어 지하철역의 공중화장실에 가면 "아름다운 사람은 머문 자리도 아름답습니다."라는 문장을 읽을 수 있어요. 만약 이것을 짧게 써서 "깨끗하게 사용하시오!"라고 한다면 재미없고 호소력도 약한 문장이 될 거예요. 글의 내용에 따라서 짧거나 긴 문장을 골라서 쓰세요.

6) 고쳐 쓰기

전체적인 고침 과정과 부분적인 고침 과정이 있어요

　글쓰기 경험이 많은 어린이와 글쓰기 경험이 적은 어린이는 대개 글을 고쳐 쓰는 방법이 달라요. 글쓰기 경험이 적은 어린이는 틀린 글자나 실수한 부분을 고치기 위해서 자신의 글을 읽자마자 고쳐요. 하지만 글쓰기 경험이 많은 어린이는 중심 생각에 초점을 맞추어 글을 고치려 하고 글의 전체적인 흐름을 먼저 고친 뒤에, 틀린 글자와 낱말, 잘못 쓴 문장을 고쳐 써요.

　또 글쓰기 경험이 많은 어린이는 전체적인 고침과 부분적인 고침으로 시간을 나누어서 고쳐 쓰기를 진행해요. 전체적인 고침 과정은 글을 쓴 목적, 글의 내용을 통해서 글을 쓴 목적이 드러나고 있는지를 살펴서 고치는 과정이에요. 글을 쓰기 전에 생각했던 목표를 이룰 수 있도록 만드는 역할을 하지요. 부분적인 고침 과정은 자신이 쓴 글에 틀린 글자와 낱말, 문장이 없는지 살펴서 고치고, 띄어쓰기가 잘못된 부분을 찾아 고치는 과정이에요.

글쓰기 목표를 살펴보세요

자신이 하고 싶은 말과 독자들이 이 글을 읽고 무엇을 생각하길 바라는지에 대하여 생각해 보세요. 생각이 잘 안 나거나 차분히 생각할 시간이 없다면 글쓰기 전에 만들었던 '생각 나무'나 '개요 짜기'를 살펴보세요. 그러면 한눈에 자신이 글을 쓰면서 목표로 했던 것을 확인할 수 있어요.

글을 고치기 전에 이렇게 글쓰기의 목표를 살펴보는데 4~5분 정도 걸릴 텐데 다소 귀찮을 수도 있어요. 그러나 이러한 과정을 거쳐야만 자신이 쓰고자 했던 대로 글을 썼는지 확인하고 잘못된 부분을 제대로 고칠 수가 있어요.

문제점을 찾아서 진단해 보고 고치세요

㉠ 1단계 : 문제 찾기

자신이 쓴 글의 전체적인 문제를 찾아보세요. 이 단계에서 중요한 것은 문제를 찾아내는 것이지, 그저 글을 한번 읽어보는 것이 아니에요. 처음에는 글을 읽는 사람처럼 보통 속도로 글을 읽어요. 글의 흐름을 따라가고 생각의 펼쳐짐에 주의하며 글의 내용에 대한 이해가 잘 되는지 살피면서 읽어요. 어딘가에서 어색하게 느껴지고 이해가 잘 안 되는 부분을 발견하는 것이 정상적인 일이랍니다. 문제는 발견한 부분에 밑줄을 긋거나, 괄호를 하거나, 별표를 해 두세요. 전체적인 고침을 위해서 먼저 문제를 찾고, 그다음에 부분적인 고침을 위해서 문제를 찾으면 돼요.

ⓒ 2단계 : 문제가 생긴 이유를 살펴보기

문제를 찾은 뒤에는 왜 그 부분에서 어색한 느낌이 들었는지, 왜 이해가 잘 안 되었는지 이유를 생각해 보세요. 문제가 생긴 이유에 대해서 살펴보지 않으면 고쳐 쓰는 데 더 많은 시간이 걸려요. 그리고 찾아낸 문제를 해결하지 못할 수도 있어요. 처음에 생각했던 글쓰기의 목표와 어긋나서 생긴 문제인지, 단순히 글자를 잘못 써서 생긴 문제인지 그 이유를 정확하게 살펴야 해요.

ⓒ 3단계 : 고쳐 쓰기

앞 단계에서 문제가 생긴 이유를 찾아냈다면 그 문제를 없앨 수 있는 내용으로 글을 고쳐요. 먼저 전체적인 내용을 고치고, 그다음에 맞춤법이나 띄어쓰기가 잘못된 부분을 고쳐요. 그런 뒤에야 자신이 쓴 글을 다른 사람들 앞에 내놓고 기분 좋은 칭찬의 말 한마디를 기다리면 된답니다.

"야, 이 글 정말 잘 썼다. 너 언제부터 이렇게 글을 잘 썼냐?"

맺음말

이제 남은 일은 글쓰기를 체험하는 것뿐이에요!

　초등학생 눈높이에서 글쓰기를 쉽고도 재미있게 하는 방법을 제시하겠다는 여행이 끝을 맺었어요. 우리의 긴 여행이 아쉽게도 여기에서 끝을 맺었지만 글쓰기는 하루아침에 이루어지는 것이 아니에요.

　이 책을 읽는 어린이의 환경이나 배경지식에 따라서 이해가 잘 되는 부분도 있고 그렇지 못한 부분도 있을 거예요. 이해가 안 되는 부분이 있다고 속상해하는 어린이가 없기를 바라지만, 그런 어린이가 있다면 몇 개월 또는 일 년 뒤에 이 책을 다시 한 번 읽어보라고 권하고 싶어요. 지금은 배경지식이 모자라 이해가 안 될 수 있지만 기초 다지기에서 알게 된 내용을 오랫동안 자신의 생활에 적용해 본 뒤라면 실력 쌓기의 내용이 더욱 쉽게 이해될 수 있기 때문이에요. 마찬가지로 실력 쌓기까지는 이해가 잘 되었지만, 날개 달기 부분이 이해가 안 되는 어린이들도 실력 쌓기의 내용을 자신의 생활에 적응하면서 꾸준히 글쓰기를 해 보세요. 그러면 오래지 않아 날개 달기의 내용이 이해될 거예요.

외국의 한 글쓰기 학자는 이렇게 말했어요. "글쓰기는 동시에 생각해야 하는 것이 너무 많다. 그래서 쉽지 않은 일이다."

글쓰기를 처음 시작하는 어린이에서부터 글쓰기를 전문적으로 연구하는 학자에 이르기까지 누구나 다 글쓰기는 쉽지 않은 일이라고 하니 글쓰기를 어려워하는 것이 이상한 일은 아니지요. 오히려 어렵다고 느끼고 생각하는 것이 정상일 거예요.

어린이 여러분, 글쓰기가 쉽게 되지 않다고 슬퍼하거나 속상해 하지 마세요. 한 가지 약속할 수 있는 것은 이 책에서 제시한 방법대로 하나하나 연습해 나아가다 보면, 어느 날 글쓰기를 예전보다 어렵게 생각하지 않는 자기 자신을 발견하게 될 거예요. 이제 여러분에게 남은 일은 이 책에서 알려준 대로, 또는 이 책을 읽으면서 연습한 대로 글쓰기를 체험하고 글쓰기에 참여하는 것이에요. 마음으로만 아는 지식은 살아 있는 지식이 아니에요. 마음으로 알게 된 지식을 실제 몸으로 체험하고 경험해서 몸에 익숙해지도록 할 때, 진정으로 내 안에서 살아 숨 쉬는 지식이 된답니다.